온은주의 비주얼 씽킹 | 입문편 |

생각이 행동으로 변하는 8가지 방법

글·그림 온은주

YoungJin.com Y.
영진닷컴

온은주의 비주얼 씽킹 | 입문편 |
생각이 행동으로 변하는 8가지 방법

Copyright ⓒ2017 by Youngjin.com Inc.
1016, 10F. Worldmerdian Venture Center 2nd, 123, Gasan-digital 2-ro, Geumcheon-gu, Seoul 08505, Korea.
All rights reserved. First published by Youngjin.com. in 2017. Printed in Korea
저작권법에 의해 한국 내에서 보호를 받는 저작물이므로 무단 전재와 복제를 금합니다.

ISBN 978-89-314-5524-3

독자님의 의견을 받습니다
이 책을 구입한 독자님은 영진닷컴의 가장 중요한 비평가이자 조언가입니다. 저희 책의 장점과 문제점이 무엇인지, 어떤 책이 출판되기를 바라는지, 책을 더욱 알차게 꾸밀 수 있는 아이디어가 있으면 이메일, 또는 우편으로 연락주시기 바랍니다. 의견을 주실 때에는 책 제목 및 독자님의 성함과 연락처(전화번호나 이메일)를 꼭 남겨 주시기 바랍니다. 독자님의 의견에 대해 바로 답변을 드리고, 또 독자님의 의견을 다음 책에 충분히 반영하도록 늘 노력하겠습니다.

이메일 : support@youngjin.com
주 소 : 서울 금천구 가산디지털2로 123 월드메르디앙벤처센터 2차 10층 1016호 (우)08505
등 록 : 2007. 4. 27. 제16-4189호

STAFF
저자 온은주(본명: 김은주) | **책임** 김태경 | **기획** 기획 1팀 | **진행** 김연희 | **디자인 · 편집** 임정원 | **인쇄** 예림인쇄

: 프롤로그 :

생각을 그리는 여자

옛날 옛날, 어느 도시에 '생각이 많은' 여자가 살고 있었어요.
그녀는 생각이 너무 많아 머릿속이 항상 복잡했어요.
하지만 하고 싶고, 알고 싶은 것이 너무나 많아서
매일매일 머릿속으로 정보를 집어넣었어요.

하루하루 쌓여 가는 정보와 생각들이 넘치고 넘쳐 머릿속이 터질 거 같을 때쯤
그녀는 생각을 정리하고 싶다는 '생각'이 들었어요.
하지만 머릿속을 어떻게 정리해야 할지 엄두가 나지 않았어요.

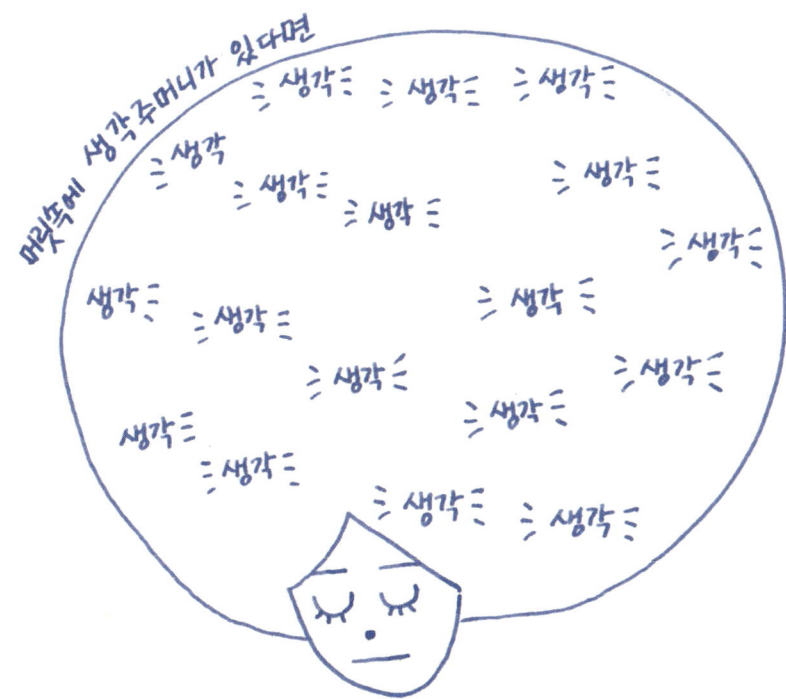

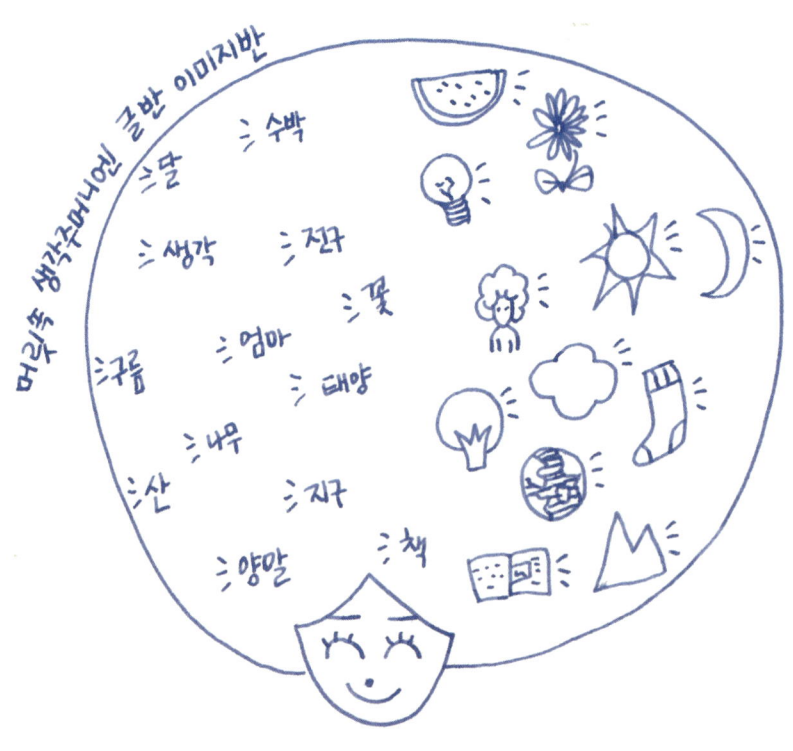

바로 그때, 그녀 앞에 '비주얼 씽킹'이 나타났어요.
"비주얼 씽킹이란 글과 그림으로 생각을 기록하고 표현한 거야.
머릿속에는 글과 이미지가 저장된 보관함이 있어서
생각을 쉽게 글과 그림으로 표현할 수 있어.
글은 머릿속 생각 주머니의 절반일 뿐이야."
그녀는 생각을 글로 끄적거리다가 낭패를 본 기억이 떠올랐어요.
대충 적은 글들은 시간이 지난 다음 읽었을 때 무슨 말인지 잘 이해되지 않았고,
급하게 휘갈겨 쓴 글자는 알아보기 힘들기도 했었죠.

고개를 둘러보니 모든 것이 다 이미지 중심이었어요.

팸플릿, 잡지, 인스타그램, 페이스북까지

모두 시각화된 이미지가 눈에 먼저 들어왔어요.

당연한 사실인데도 이미지로 표현된 것들이 이렇게나 많다는 걸 모르고 있었죠.

생각해 보니 밤에 꿈을 꿀 때조차 글자로 꾼 적이 없었어요.

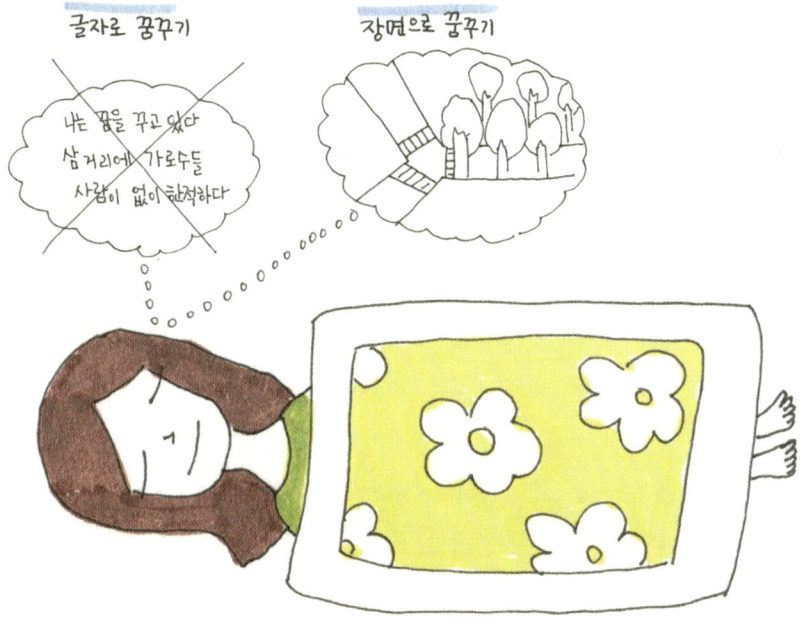

그러나 그럼에도 불구하고 하지만

그림을... 매우 매우 못 그리는데 어떡하지?

난감해..

어른이 되고 그림을 그려본 적이 없는데...

어렸을때도 못 그렸어 ㅠㅠ

그녀는 자신이 그림을 못 그린다고 생각했어요.
하지만 그림을 잘 그리지 않아도, 동그라미만 그릴 줄 알면
비주얼 씽킹을 쉽게 할 수 있다는 얘기를 듣게 되었어요.
심지어 발로 그린 그림도 멋진 작품이 될 수 있다는 얘기도요!

그녀는 믿기지 않았지만 일단 종이에 동그라미를 그려 보았어요.
처음에는 동그라미도 예쁘게 그려지지 않았지만
몇 번 그리다 보니 쓱쓱 쉽게 그릴 수 있게 되었어요.

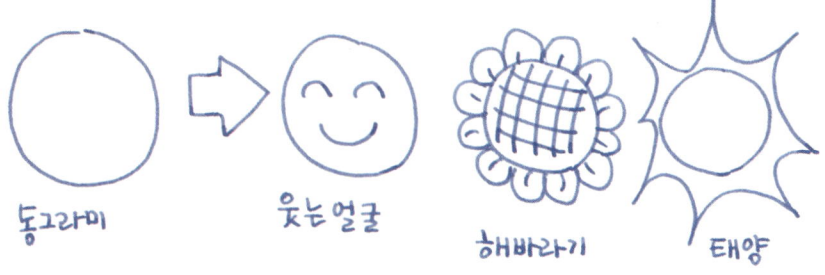

동그라미를 보고 있으니 웃는 얼굴이 떠올랐어요.
또 해바라기와 태양도 떠올랐어요.

그녀는 먼저 해바라기를
그리기로 했어요.

'해바라기는 꽃이 크고
씨앗이 있으니까
원 안을 선으로 채워
씨앗을 표현하고 반원을 사용해
꽃잎을 그리면 되겠지?'

그림이 생각보다
잘 그려져서 놀랐어요.
자신감이 쑥쑥 자라서 또 놀랐어요.
페이스북에 올렸더니 웬걸
"너 생각보다
그림 잘 그리는구나?!"
난생 처음 그림 칭찬도 받았어요.

그 후 그녀의 인생은 바뀌기 시작했어요.
생각을 정리해 주고 번뜩이는 아이디어를 떠올리게 해 주는
비주얼 씽킹을 시작하게 되면서 업무 능률이 쑥쑥 오르고,
일에선 베테랑이 되었어요.

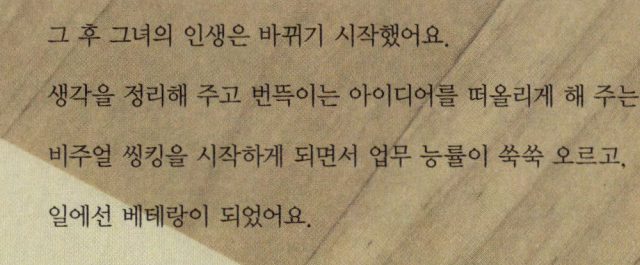

여기서 끝이 아니었어요.

어느 날 그녀는 거울 속에서 자신의 '진짜' 얼굴을 보게 되었어요.

디지털 마케터로 15년, 직장인으로서 부족할 것 없이 잘 살고 있었지만 거울 속 '진짜' 그녀는 행복해 보이지 않았어요.

그녀는 지금 하는 일보다 새로운 종류의 일에 관심이 생겼어요.

새로운 일에 관심이 쏠릴수록 회사는 재미없게 느껴졌죠.

하지만 그 일을 하려면 회사를 그만둬야 했어요.

하지만 '마약 월급'을 포기하기가 아쉽고 불안했어요.

그녀는 자신에게 물었어요.

"네가 진짜로 원하는 게 뭐야?"

몇 번을 되물어도 해답은 쉽사리 나오지 않았어요.

그녀는 자신의 아리송한 속마음을 그려 보기로 했어요.
그림 속의 그녀는 갈림길에 서 있었고, 마음은 갈팡질팡 망설이고 있었죠.
원래 걷던 길은 평탄한 고속도로였지만 새로운 길은 비포장도로였어요.
그러나 양쪽 길 끝은 모두 구름에 가려 보이지 않았죠.

원래 하던 일을 하며 고속도로를 따라 계속 걸어간다면 처음 길은 순조로워요.
그 길의 끝에는 산이 있어요. 산속을 산책하니 기분이 좋아요.
그러나 그녀가 원하는 이상향인 바다는 너무 멀리 떨어져 있어요.
'바다는 멀찌감치 서서 바라볼 수밖에 없겠구나'하고 생각하니 슬펐어요.
새로운 길을 선택하고 계속 간다면 그녀는 비포장도로를 걸어요.
바닥이 울퉁불퉁하고 비까지 오네요. 포장도로보다 힘들어요.
그러나 길의 끝에는 그녀가 좋아하는 무지개가 있어요!
힘든 여정일 거라고만 생각했는데 빨주노초파남보 무지개를
만날 수 있겠구나 생각하니 기분이 좋았어요.
그녀는 그림을 그리면서 자신의 마음이 어떤 길을 원하는지 알게 되었어요.

결국, 그녀는 어떤 길을 선택했을까요?
그녀는 누구일까요?

그녀는 바로 이 책을 쓰는 필자입니다.
저는 마음을 따르기로 했어요.
무언가를 간절히 원하고 있는 '진짜' 내 속마음을 깨닫고
그 변화를 두려워하지 않고 맞섰어요.
그리고 결국, 국내 1호 비주얼 씽킹 강연자로 제2의 인생을 살고 있답니다.
무엇보다 비주얼 씽킹을 통해 새로운 일을 시작하는 즐거움을 알게 됐어요.
그리고 10년마다 새로운 일을 시작하고 싶어서
현재는 제3의 직업인 콘텐츠 일러스트레이터를 준비하고 있답니다.

제가 디자인을 전공했냐고요? 아니에요.
미술이나 그림을 배웠냐고요? 아니에요.
저는 그림 실력을 높이는 데 관심이 없어요.
미술 시간에 배운 원근법, 명암, 입체 등의 기법 없이도
생각을 그림으로 표현하는 데 충분하니까요.

비주얼 씽킹은 세상의 모든 정보와 생각을
쉽고 빠르게 표현할 수 있게 도와줘요.
비주얼 씽킹은 머릿속 생각뿐만 아니라 마음속 생각까지도
그림으로 보여 주는 유용한 도구입니다.

생각으로만 머물러 있지 않고 행동으로 바뀔 수 있도록 도와줘요.
행동이 바뀌면 당연히 인생도 바뀌겠죠?

이 책을 읽기 시작한 당신은 비주얼 씽킹에 관심이 많고 늘 하던 방식이 아닌
새로운 방식을 찾는 사람일 확률이 아주×10000 높을 거예요.
하지만 시작에 대한 불안감 때문에 쉽사리 비주얼 씽킹을 하지 못하고 있을 거예요.
필자는 시작을 두려워하는 초보 비주얼 씽커들을 위해 비주얼 씽킹에 필요한
다양한 비주얼 언어들을 드로잉 하는 방법과 실생활에서 직접 활용할 수 있는
비주얼 씽킹 사례들, 그리고 아무에게도 알려 주지 않았던 필자만의 노하우를
정리하여 이 책에 담았답니다.
이 책은 당신의 머릿속 생각과 정보를 정리하고,
마음속 깊이 숨어 있는 감정을 이해하는 데 도움을 줄 거예요.

자! 그럼 생각을 그릴 준비가 됐나요?

2017년 1월
국내 1호 비주얼 씽킹 강연자
온은주 드림

Contents

: 프롤로그 : 생각을 그리는 여자

1부 : 너의 생각을 그려 봐

1장_ 그림 그리는 걸 잊지 않은 어른들

 낙서도 어려운 나, 비정상일까?

졸라맨을 그릴 줄 안다면 당신은 이미 베테랑! **28** | 초등학생처럼 그려 봐 **30** |
잘 그린 그림에 대한 편견을 버려 **31** | 비주얼 씽킹의 핵심은 바로바로 '단순화' **34** |
✏️우리 직접 그려 봐요! **38**

2장_ 쓱싹쓱싹 쉽게 그리는 비주얼 언어

 사람을 어떻게 간단히 그려?

스틱맨으로 사람 그리기 **44** | 별사람으로 사람 그리기 **47** | 사물 단순화 **51** | 동물 단순화 **58** |
화살표 **59** | 말풍선 **63** | 대가의 그림 따라 그리기 **66** | ✏️우리 직접 그려 봐요! **68**

3장_ 나만의 비주얼 단어장 만들기

 간단하게 그린 다음에는 뭘 해야 할까?

좌뇌와 우뇌를 연결해서 사용하자 **72** | 글과 그림으로 만든 비주얼 단어장 **75** | 명사 비주얼 단어장 **79** |
동사 비주얼 단어장 **88** | 문장 비주얼 단어장 **93** | ✏️우리 직접 그려 봐요! **96**

4장_ 하루 15분 30일 프로젝트

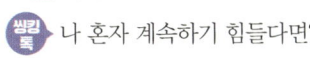 나 혼자 계속하기 힘들다면?

하루 15분 투자 비법 **100** | 쪼갤수록 성공이 보인다 **104** | 실천 확률이 높은 족집게 주제들 **107** |
30일 계획표가 필요해 **109** | 지금은 비주얼 씽킹을 하는 시간 **112** | ✏️우리 직접 그려 봐요! **114**

5장_ 종이와 펜, 색칠 문구까지 핵심 콕콕

 어떤 문구부터 필요할까?

무지 좋은 무지 노트 **118** | 스케치북은 서점에 산다? **120** | '사각사각' 연필 소리가 좋아 **122** |
좋은 펜, 나쁜 펜, 이상한 펜 **123** | 색칠 삼총사는 색펜, 색연필, 아티스트펜 **126** | 만년필 길들이기 **127** |
가방에 쏙 '문구' 테이크아웃 하기 **128** | ✏️우리 직접 그려 봐요! **130**

6장_ 왕초보에서 초고수가 되는 비법

 고수가 되는 지름길이 있을까?

살아 있는 단어부터 시작하자 **134** | 쉬운 대상부터 그리자 **135** | 음악과 함께 시작하자 **136** |
텅 빈 종이에서 시작하자 **137** | 막막하면 동그라미를 그리자 **138** | 원근법, 입체, 크기를 무시하자 **139** |
날짜와 이름을 새기자 **140** | 그림을 버리지 말고 모으자 **141** | '그리면서 생각하는' 공간을 만들자 **142** |
진짜 아티스트처럼 행동하자 **143** | ✏️우리 직접 그려 봐요! **146**

2부 : 생각을 그리면 행동이 된다

1장_ 계획을 그리면 계획이 이뤄진다
 새해 계획을 그림으로 그려 볼까?

새해 계획부터 다이어트 계획까지 **154** | 모든 계획을 한눈에 쏙! **156** |
나만의 중요한 계획 그림으로 그리기 **158** | ✏️우리 직접 그려 봐요! **162**

2장_ 감정을 그리면 감정이 힐링된다
 감정을 그리면 기분이 좋아진다고?

감정을 표정으로 그려 봐 **166** | 나만의 감정 다이어리 만들기 **167** |
감정을 장면으로 그려 봐 **170** | ✏️우리 직접 그려 봐요! **172**

3장_ 행동을 그리면 기억하기 쉽다
 이것도 비주얼 씽킹일까?

행동을 그림으로 그려 본 적 있어? **176** | 다양한 행동은 스틱맨으로 그려 봐 **177** |
일상에서 만난 행동 표현들 **178** | ✏️우리 직접 그려 봐요! **180**

4장_ 그림일기를 쓰면 마음이 보인다
 초등학생 때 그림일기 써 봤어?

글로 쓴 일기와 그림일기는 어떻게 다를까? **184** | 자화상으로 일기 쓰기 **189** |
사진으로 그림일기 쓰기 **191** | 리본으로 제목을 꾸며 보자 **195** | ✏️우리 직접 그려 봐요! **196**

5장_ 상상을 그리면 현실이 된다

 스티브 잡스, 빌 게이츠, 래리 페이지의 공통점은?

상상은 지식보다 재미있다고? **200** | 미래의 물건 상상하기 **201** | 30년 후 나를 상상해 봐 **204** |

✏️우리 직접 그려 봐요! **206**

6장_ 그림으로 정리하면 정리가 빨라진다

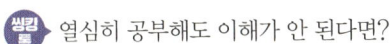 지저분한 옷장을 그림으로 정리한다고?

그림으로 정리하면 보이는 것들 **210** | ✏️우리 직접 그려 봐요! **214**

7장_ 그림으로 소통하면 대화가 쉬워진다

'앞머리 길게, 뒷머리 짧게'이 말이 그렇게 어려워?

그리면서 대화하는 법 **218** | 회의 준비는 간단한 그림으로 시작하자 **222** |

아이디어 발상은 스케치북에서 시작하자 **225** | ✏️우리 직접 그려 봐요! **228**

8장_ 그리면서 공부하면 쉽게 이해된다

열심히 공부해도 이해가 안 된다면?

어른이 되어도 멈출 수 없는 공부! **232** | 그림으로 공부하는 법 **233** | ✏️우리 직접 그려 봐요! **240**

: 에필로그 : '생각이 행동으로 바뀌는' 선을 넘어서

1부

너의 생각을 그려 봐

01 그림 그리는 걸
잊지 않은 어른들

열혈 독자님이 씽킹 톡에 입장하셨습니다.

안녕하세요! 은주쌤.

네, 안녕하세요. ^^ 어떤 고민이 있어 톡을 했나요?

글을 쓸 줄 알고 동그라미를 그릴 줄 알면
비주얼 씽킹을 할 수 있다는데...
여전히 그림이 부담스러운 나, 비정상인가요?

아뇨! 지극히 정상입니다. ^^
혹시 우리나라 성인의 평균 그림 실력이 어느 정도인지 아시나요?

글쎄요...?

초등학교 4~5학년 수준이에요.

어? 생각보다 되게 낫네요!

그렇죠? 하지만 비주얼 씽킹에 필요한 그림은
초등학생 그림 실력이면 충분하답니다.
다음 이야기를 한번 읽어 보세요.

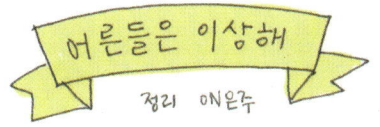

어른들은 이상해

정리 ON은주

미국의 예술가이자 교수인 하워드 이케모토의 일화이다.
딸이 일곱살쯤 됐을 때 무슨 일을 하느냐고 물었다.

딸은 날 이상하게 쳐다보면서 되물었다.

어른들은 그림 그리는 걸 잊지 않았어요.
하지만 어린아이처럼 그려도 괜찮다고 아무도 말해 주지 않았죠.
그래서 어른들은 그림 그리는 걸 두려워해요.
하지만 절대! 그림은 두렵거나 어려운 존재가 아니랍니다.
다음 그림을 한번 볼까요? 피카소가 그린 소예요.

이 그림을
그릴 수 있겠어요?

아..아니요. 어려워 보여요.ㅠㅠ

그러면 이 그림은
어떠세요?

이건 자신 있어요!
근데, 이 그림도 정말 피카소가 그렸나요?

네 뿔, 머리, 몸통, 다리, 꼬리를
단순한 선으로 표현했지만
소라는 것을 쉽게 알 수 있죠?

비주얼 씽킹에 필요한 그림은 이처럼 단순화한 그림입니다. 다음 그림도 한번 볼까요?

 이 그림은 누가 그렸을까요?

설마, 이것도 피카소가 그린 그림인가요?!

네 맞아요! 이 그림도 피카소 작품이에요. 피카소는 어린아이처럼 그리기 위해 연습을 했어요.

이걸 보니 부담감이 많이 줄었어요!

위와 같은 단순한 그림들을 보면서 연습을 하며 실력을 쌓아 가면 된답니다. ^^

은주쌤 말씀을 들으니 저도 자신감이 생기네요!

특히 초등학교 때 이후로 그림 그릴 일이 별로 없어서
초등학생처럼 그리기 쉬울 거예요. ㅋㅋㅋ
본능대로 그려 보세요. ^^

네, 한번 해 볼게요!

응원할게요!

어떤 일이든 아이디어가 분명해져야
다음 일이 진행될 수 있어요
스케치는 가장 빠르고 쉽게 모호한 아이디어를
명확한 아이디어로 바꿔줘요
그림을 못 그린다고?
상관없어요
아무도 다빈치 노트 같은
멋진 스케치를 기대하지
않아요
글씨를 쓸 줄 알고
네모칸을 그릴 줄
알면 돼요.

구글벤처스의 매니저 제이크 냅
2016.2.26 패스트컴퍼니

졸라맨을 그릴 줄 안다면
당신은 이미 베테랑!

▲출처: 졸라맨 홈페이지(http://dkunny.com)

아이들이 사람을 그릴 때에는 어김없이 머리는 동그랗고 선으로 표현된 팔과 몸, 다리 모양의 졸라맨을 그려요. 몸은 마르고 얼굴만 큰 이 사람은 '졸라맨'으로 널리 알려져 있지만 이런 형태의 그림을 스틱맨이라고 부릅니다.

필자가 선생님 대상의 비주얼 씽킹 수업시간에 졸라맨 그리는 법을 가르칠 때면 선생님들은 저에게 아이들이 수업시간에 졸라맨을 그리면 "그렇게 그림을 그리면 안 돼!"라고 하면서 말린 경험이 있다면서, 졸라맨이 정말 그림 그리기에 도움이 되는지 묻곤 합니다. 한 학부모 수강생도 졸라맨으로만 그림을 그리면 그림 실력이 늘지 않을까 봐 걱정된다면서 아이가 계속 졸라맨을 그려도 괜찮을지 묻곤 해요.

이처럼 졸라맨 그림은 아이들이나 그림을 잘 그리지 못하는 성인들이 그리는 그림이라고 여겨지는 경우가 많아요. 하지만 졸라맨은 절대! 못 그린 그림이 아니랍니다. 졸라맨만 주구장창 그리는 당신도 이미 그림 '베테랑'이에요.

그림을 떠올릴 때 석고상 데생이나 수채화가 떠오른다면 당신은 그림을 너무 어렵게 생각하고 있는 거예요. 회화처럼 완성된 그림은 그리기가 쉽지 않아요. 풍경 수채화를 배운 세대에게 그림은 하나의 완벽한 형태를 갖춘 작품일 겁니다. 사람도, 물건도 입체와 명암이 분명해야 하며 원근법이 나타나야 하고, 스케치 단계에서 끝나면 미완성된 것으로 인식돼요. 그러나 요즘은 달라요. 요즘 아이들은 '다양한 그림체'의 웹툰을 보고 컸어요. '잘 그린 그림'의 기준은 상대적인 기준이 되었다는 거죠. 각자의 개성이 담긴 그림체를 사용해서 다양한 그림을, 다양한 스토리를 표현해낼 수 있어요. 즉, 단순한 졸라맨으로도 많은 이야기를 만들어낼 수 있단 말이에요.

비주얼 씽킹 수업을 진행할 때, 다양한 나이대의 사람들이 모두 모여 그림을 그릴 때면 어른, 아이 할 것 없이 모두 행복해해요. 하지만 가끔 수강생들의 얼굴에 그늘이 질 때가 있어요. 바로 그림을 다 그리고 나서 자기가 그린 그림을 바라봤을 때예요. 하지만 여러분, 곰곰이 생각해 봐요. 크레파스와 색연필을 쥐고 장판이고 벽지고 스케치북이고, 정신없이 그림을 그렸던 어린 시절을요. 어린아이들은 그림 그리는 것을 '정말' 좋아해요. 그러나 초등학교 고학년만 되도 그림 그리는 걸 부담스러워 해요. 잘 그린 그림과 못 그린 그림에 대한 편견이 생겼기 때문이에요.

뇌는 그리기를 좋아해요. 그림을 그리는 동안 당신의 뇌는 즐거워하고 행복해한답니다. 표정에 그 감정들이 나타나죠. 직장인을 대상으로 비주얼 씽킹 수업을 할 때도 이러한 모습을 볼 수 있어요. 퇴근 후 지친 몸을 이끌고 수업에 참석한 수강생들은 2시간 동안 그림을 그리면서도 전혀 피곤해하는 기색이 없어요. 얼굴에 미소가 떠나지 않죠. 하지만 다 그린 그림을 옆 사람에게 보여 주라고 하면 얼굴이 어두워져요. 자신감이 없어지는 거죠. 그러나 여러분, 자신이 그린 그림을 부끄러워하지 마세요. 그림을 그리는 과정이 즐거웠다면 그 그림은 이미 완성된, 유명 화가 작품만큼 가치 있는 그림이니까요.

초등학생처럼
그려 봐

비주얼 씽킹 코칭을 시작하면 수강생들의 첫 질문은 대개 '그림을 못 그려도 괜찮나요?'예요. 필자는 그럴 때마다 되묻습니다. '글씨를 쓸 줄 아느냐, 동그라미를 그릴 줄 아느냐'라고요. 이 대답을 듣는 사람들은 모두 당연한 걸 묻냐고 되물으면서 활짝 웃곤 합니다. 필자 역시 손그림에 자신이 없어서 처음에는 사진과 이미지를 사용했어요. 이렇게 5년 정도 디지털로 자료를 정리하다가 우연히 손그림으로 생각을 표현하게 되었는데, 내 생각과 비슷한 이미지를 찾는 데 썼던 시간을 크게 절약할 수 있었어요. 또 머릿속에 있던 두루뭉술한 것들이 바로 종이 위에 펼쳐지니 찾았던 자료보다 더 명확하고 효과적이더라고요. 더불어 재미와 흥미도 함께 얻을 수 있었고요. 필자는 이미 5년의 시행착오를 통해 이 방법을 배우게 되었지만 독자분들은 이 책을 통해 바로 시작하시길 바래요. 그렇다면 필자가 버린 5년의 시간을 아낄 수 있을 거예요.

잘 그린 그림에 대한 편견을 버려

팝송 'I'm yours'를 부른 제이슨 므라즈의 앨범 커버를 본 적이 있나요? 왼쪽의 이미지는 제이슨 므라즈의 앨범 커버로 어린아이가 그린 듯한 사람의 얼굴이 그려져 있어요. 이 커버는 개성 있는 그림을 그리는 걸로 유명한 데이비드 슈리글리David shrigley라는 작가가 제이슨 므라즈의 얼굴을 표현한 겁니다. 오른쪽 이미지는 데이비드 슈리글리가 자신의 모습을 직접 그린 자화상이에요. 두 그림 모두 '잘 그렸다'라는 생각이 들지 않지만 독창적이고 독특한 느낌을 풍기고 있지 않나요? 이처럼 유명한 작가들 중에는 '정석적으로' 잘 그린 그림이 아니더라도 자신의 개성을 살려 그림으로 표현하는 작가들이 많답니다. 비주얼 씽킹에 필요한 그림도 이와 같아요. 그림을 잘 그리지 않아도 나만의 개성을 담으면 하나의 작품이 된답니다. 어린아이 같은 그림체라고 해도 원하는 것을 표현할 줄만 안다면 문제 없어요.

데이비드 슈리글리와 같이 개성 있는 일러스트로 인기를 끌고 있는 작가 한 명을 더 소개하도록 하겠습니다. 뉴욕타임스 옵애드Op-ed:opposite the editorial page 지면에서 '모던 러브'라는 주제로 10년 동안 일러스트를 그리고 있는 브라이언 리Brian rea라는 작가입니다. 아래 그림을 보세요. 둥그스름한 얼굴과 팔, 다리, 점을 찍어 놓은 듯한 눈, 세모난 코, 아무것도 그려지지 않은 단순한 옷 등 간단하게 표현한 그림이지만 작가가 어떤 주제를 전달하고 싶어 하는지 눈에 확~ 들어오죠?

▲출처: http://www.brianrea.com/뉴욕타임스에 연재하고 있는 일러스트 '모던 러브' 중

비주얼 씽킹의 핵심은
바로바로 '단순화'

비주얼 씽킹은 생각과 정보를 글과 그림으로 표현할 수 있도록 도와주는 유용한 도구예요. 그렇기 때문에 비주얼 씽킹을 효과적으로 하기 위해서는 생각과 정보를 '그림'으로 나타내는 방법을 배워야 해요. 비주얼 씽킹에 필요한 '그림'은 섬세하거나 거창할 필요가 없어요. '사람과 사물을 단순하게 그리는 것'이면 충분하답니다.

우리는 '비주얼 씽킹 = 그림으로 그린다' 라는 간단한 공식을 너무 근사하고 어렵게 생각해서 잘 그리는 법부터 배우려고 합니다. 하지만 필자가 여러 번 언급했던 것처럼 잘 그린 그림은 절대! 중요하지 않답니다. 비주얼 씽킹을 하기 위해 그림을 그릴 때에는 '사용 목적'이 가장 중요해요. 여기 혹시 화가가 되거나 전시회에 출품할 목적으로 비주얼 씽킹을 배우는 독자분이 있으신가요? 그렇다면 미술 학원에 가는 걸 추천합니다. 단지 비주얼 씽킹을 하기 위해 그림을 배우려고 한다면 잘 그리기 위한 그림 기법들을 배울 필요가 없어요. 비주얼 씽킹에 필요한 그림 실력은 노트에 '끄적거리는' 단순한 그림으로도 충분해요. '쓱쓱' 대충 그린 그림이라도 아이디어 발상의 기초가 되죠. 무엇보다 단순한 그림은 빨리 그릴 수 있어서 좋아요. 핵심만 간결하게 단순화한 그림은 머릿속을 빠르게 정리해 주고, 무엇보다 상상력을 키워 주는 원동력이 된답니다.

필자는 세계적인 아동문학가이자 일러스트레이터인 로저 멜로Roger Mello의 그림을 좋아해요. 그의 그림은 단순하지만 엄청난 상상력을 가지고 있어요.

아래 그림은 로저 멜로의 '실 끝에 매달린 주앙'이라는 작품이에요. 실에 갇혀 버둥거리는 주인공의 모습을 검은 선만으로 단순하게 표현하였지만, 다양한 굵기의 선들이 한데 모여 하나의 주제를 근사하게 나타냈어요. 이처럼 단순하고 간단하게 그린 그림이라도 시각적인 즐거움과 상상력을 불러일으키는 멋진 작품이 될 수 있답니다.

▲ 출처: Nami Island Foundation/2015년 예술의 전당 한가람 미술관 전시 사진 – '실 끝에 매달린 주앙'

다음은 필자가 로저 멜로 전시회를 보면서 인상적인 작품을 따라 그려 본 거예요. 어때요? 당신도 할 수 있겠죠?!

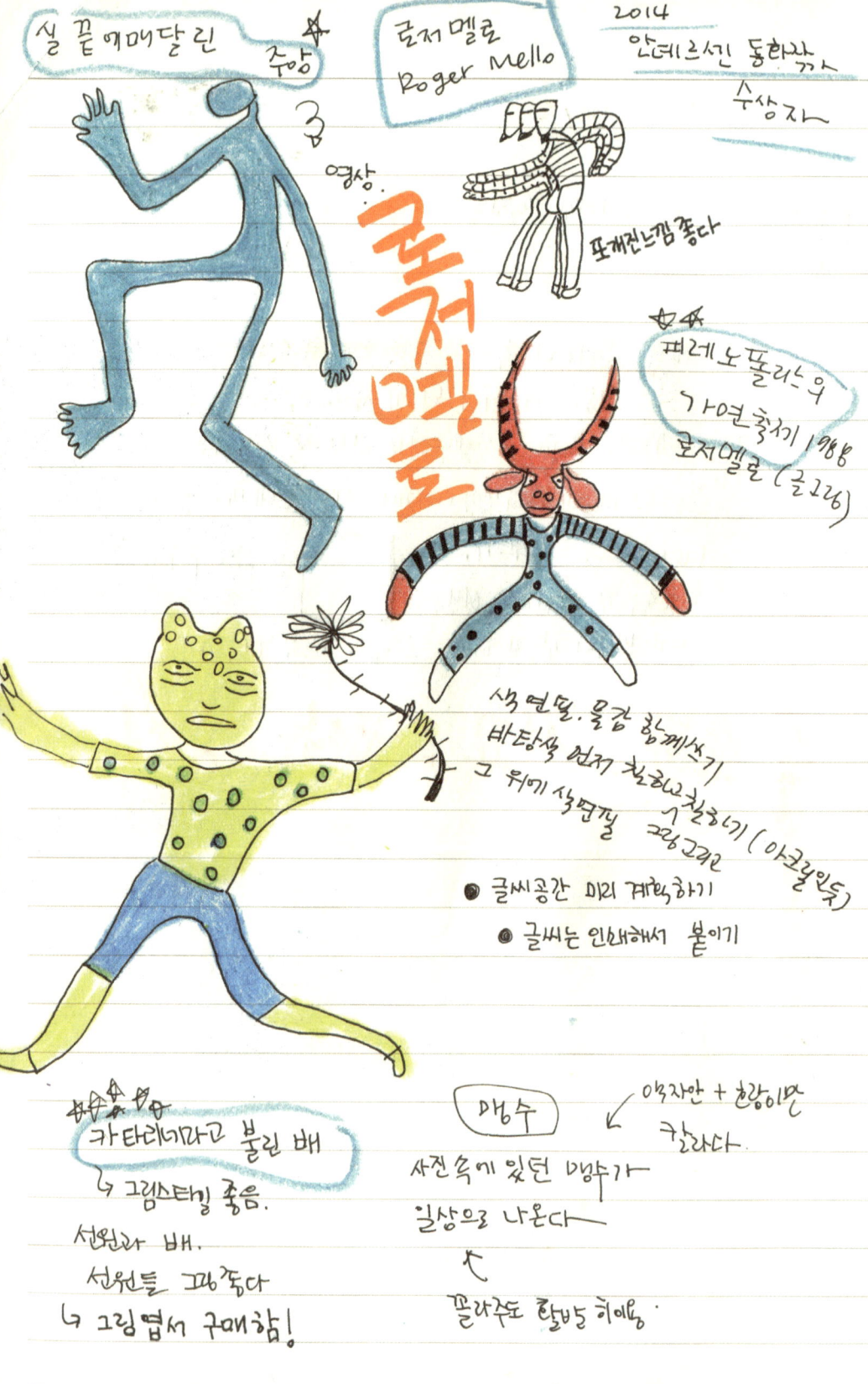

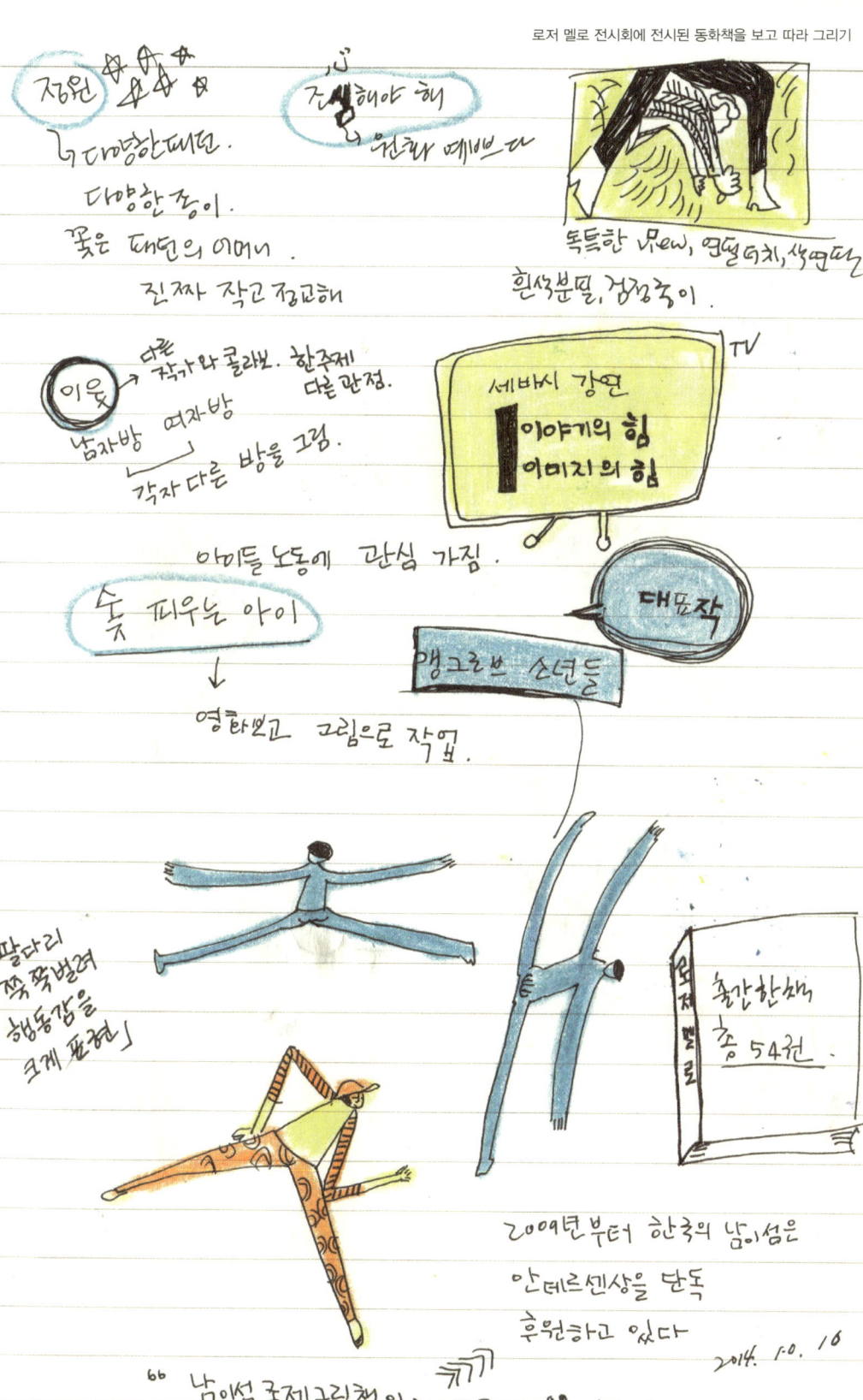

우리 직접 그려 봐요!

하나
피카소가 그린 그림을 따라 그려 봐요.

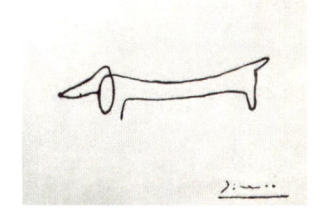

둘

아래 그림을 보고 스틱맨을 따라 그려 봐요.

02 쓱싹쓱싹 쉽게 그리는 비주얼 언어

열혈 독자님이 씽킹 톡에 입장하셨습니다.

은주쌤! 궁금한 게 있어 또 왔어요.

언제든지, 뭐든 물어 보세요. ^^

물 마시는 장면을 그림으로 그리고 싶은데 잘 안돼요.
간단하게 그리려고 해도 막상 시작하면 어려워요.

그럼 먼저 저와 함께 연습해 보도록 할까요?
남이 물 마시는 모습을 본 적이 있죠?

네, 당연히 있죠! 손에 머그잔을 들고 물을 마셔요.

그걸 보고 있다고 생각하고 그려 봐요.
음, 우선 사람을 그려 보는 연습부터 해 볼게요!

넵!

별을 그려요 → 사람이 서 있는 모습과 비슷해요 → 머리를 붙이니 사람과 비슷해요

별사람은 다양한 행동 표현을 가능하게 해 줍니다.

서서 마시기   의자에 앉아서 마시기

스틱맨   서서 마시기   앉아서 마시기

스틱맨은 빠르게 표현하기 좋아요.

그렇다면 내가 물 마시는 모습은요?

머그잔을 쥐고 있는 모습을 그려 봐요. 이렇게요.

생각보다 되게 간단하네요!

이렇게 사람, 사물 등 모든 것을 단순화해서 표현한 그림을 비주얼 언어라고 불러요.

아~!

비주얼 언어는 비주얼 씽킹 드로잉의 가장 기초적인 부분이에요!
수학의 기초가 1, 2, 3 숫자이고,
A, B, C 알파벳이 영어의 가장 기초적인 부분인 것과 같죠.
그래서 비주얼 언어를 비주얼 알파벳이라고 부르기도 합니다.^^
이 비주얼 언어들을 잘 배워 두면 생각을 효과적으로 표현할 수 있답니다!

네! 열심히 배우도록 할게요. +_+

세계적으로 유명한 그래픽 퍼실리테이션 회사인 Bigger Picture社가 제시한 비주얼 언어를 기본으로 재구성

스틱맨으로
사람 그리기

모든 내용의 중심에는 사람이 있어요. 사람 표현만 잘 해도 그림의 반이 해결될 정도로요. 하지만 사람을 그리려면 머리 모양, 얼굴 표정, 입은 옷, 심지어 다양한 동작까지 표현해야 하기 때문에 그림 초보자들에게는 어렵게 느껴질 수 있답니다. 그래서 이번에는 세세하게 그리지 않아도 사람을 구체적으로 표현할 수 있는 '스틱맨' 그리는 법을 알려 드리려고 해요. 스택맨은 사람을 표현하는 가장 간단하고 대표적인 방법이랍니다. 스틱맨 그림은 아주아주 간단해서 그림에 소질이 없어도 금방 따라 그릴 수 있어요. 먼저 아래의 스틱맨 기본형을 따라 그리면서 연습하도록 해요. 이후 작거나 크게 머리와 몸을 변형하면서 연습해 보세요. 여기서 더 나아가 스틱맨에 살을 붙이고 옷을 입히면 완전한 형태의 사람을 표현할 수 있답니다.

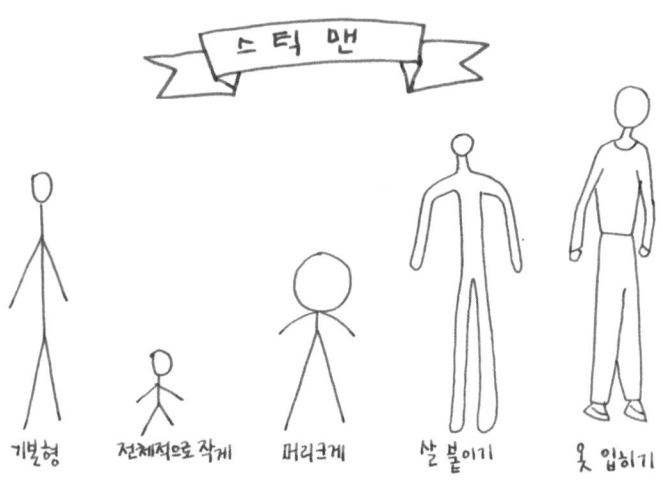

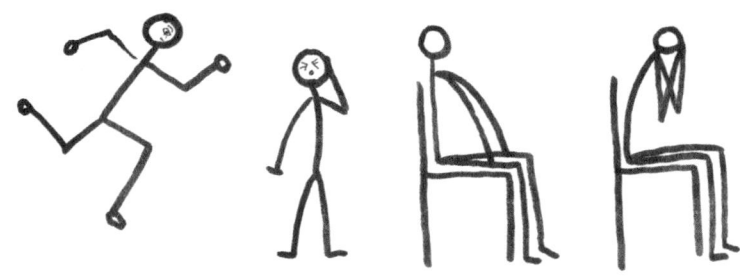

스틱맨의 팔과 다리를 꺾으면 행동을 표현하는 스틱맨을 그릴 수 있어요. 사람의 팔, 다리 관절과 비슷하게 구부리면 달리는 모습, 걱정하는 모습, 의자에 앉아 있는 모습, 고개를 숙이고 있는 모습 등 자유롭게 표현할 수 있답니다.

스틱맨을 그리는 방법은 보통 머리, 몸통, 다리, 팔 순서입니다. 만약 더 손쉽게 그릴 수 있는 방법이 있다면 그 방법을 사용해도 돼요. 동그라미 하나를 그려도 사람마다 방향이 다르듯이 자신만의 스타일로 스틱맨을 그려도 상관없답니다.

스틱맨 그리는 법

스틱맨에 옷을 입히면 완전한 사람으로 탈바꿈해요. 스틱맨으로 뼈대를 만들고 그 위에 살을 덧붙이면 아래와 같이 개성 넘치는 사람을 그릴 수 있어요.

별사람으로
사람 그리기

별사람은 별 상단 꼭지에 머리를 붙인, 사람이 서 있는 모양의 기본형으로 시작해요. 기본형을 중심으로 연습을 하다가 머리를 크거나 작게, 선을 구불구불하게 그리는 등 다양한 모습으로 변경해서 그려 봐요. 선 느낌의 변화가 색다른 별사람을 탄생시킨답니다. 감정에 변화를 주고 싶다면 얼굴에 해당하는 동그라미에 다양한 표정을 넣어 표현해 봐요. 더 나아가 머리카락을 붙이고 안경 등의 소품을 그려 넣으면 점점 더 정교한 사람의 모습을 띠게 됩니다.

별사람을 그리는 방법은 간단합니다. 먼저 동그라미를 그려 머리를 표현한 다음 팔과 다리 부분에 뾰족뾰족한 별 모양을 그리면 완성돼요. 그리는 방법은 개개인마다 달라도 되니, 자유롭게 편한 방식을 찾아 보도록 해요.

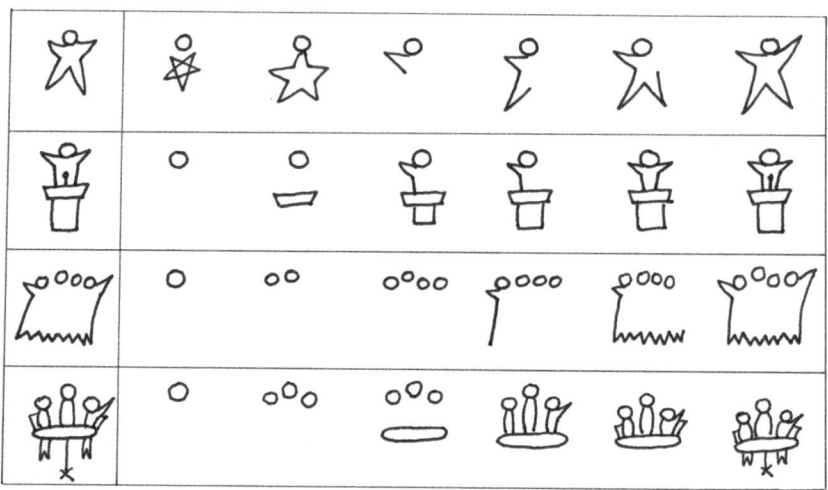

별사람 그리는 법

별사람을 다 그렸다면 완성된 이미지 주변에 선을 그려 봐요. 아래와 같이 행동의 방향성을 표현해 주는 선을 넣으면 그림이 생동감 있게 연출돼요. 표정을 표현할 때도 마찬가지예요. 점이나 선을 쓱쓱 그려 주면 웃는 표정, 화난 표정 등 다양한 표정을 묘사할 수 있어요.

별사람과 스틱맨으로 다양한 행동을 표현해 봐요.

스틱맨과 별사람을 이용해 사람을 그린 후 얼굴 위에 다양한 표정을 그려 봐요. 표정은 생각이나 느낌을 효과적으로 나타내 준답니다. 아래 그림처럼 웃는 표정, 지루한 표정, 화난 표정 등의 감정을 표현하며 그려 보도록 해요.

사물 단순화

이번에는 형태를 단순화하여 사물을 간단한 선으로 묘사해 봐요. 명암이나 입체 등 미술 기법은 표현하지 않아도 돼요. 예를 들어, 농구공을 그린다면 아래와 같이 평면으로 단순화해요. 자전거도 마찬가지예요. 선과 네모, 세모, 동그라미를 사용해 간단하게 그려요. 선만을 사용해 단순화한 그림은 초보자들도 쉽게 따라 그릴 수 있답니다.

▲Visual and Creative Thinker Kelsey Ruger 단순화 그림 따라 그리기

나무의 특징을 살려 그려 봐요.

아이콘을 따라 그려 봐요.

동그라미, 세모, 네모로 사물을 분해해서 그려 봐요.

□를 모두 찾아 봐요.

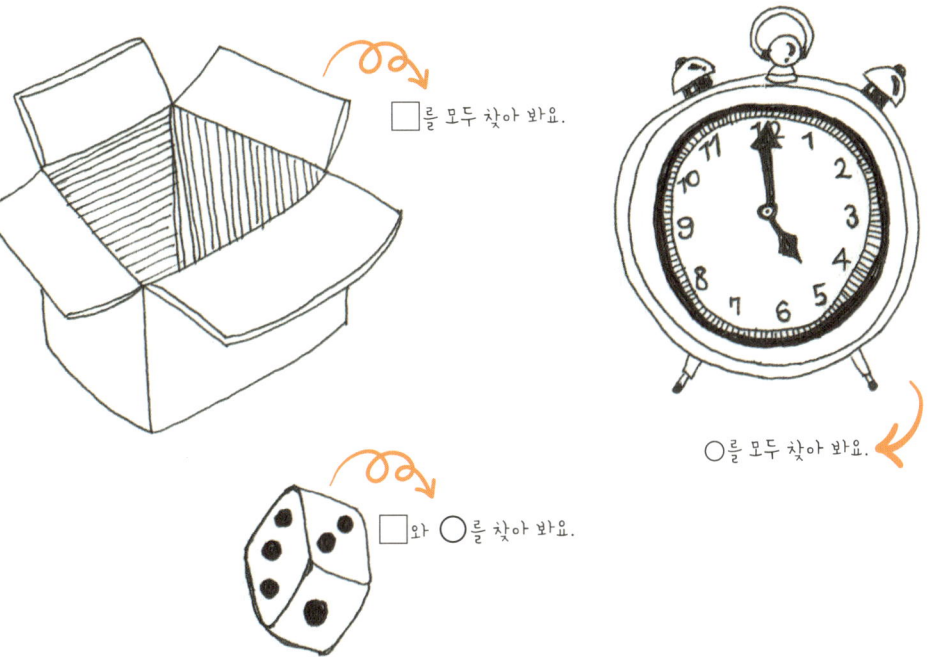

□와 ○를 찾아 봐요.

○를 모두 찾아 봐요.

△와 ○를 찾아 봐요.

동물 단순화

동물처럼 빠르게 움직이는 대상을 보고 그리는 것은 상당한 실력이 필요해요. 그래서 동물을 단순화하는 작업은 앞에서 배운 내용보다 살짝 어렵게 느껴질 수 있을 거예요. 하지만 배우고 나면 각각의 동물이 가진 특징을 살려 다양한 캐릭터로 표현할 수 있고, 나만의 개성이 담긴 동물을 그릴 수 있답니다.

동물을 그릴 때에는 먼저, 그 동물이 가지고 있는 특징이 최대한 부각된 그림을 보고 연습하도록 해요. 예를 들어, 거북이의 등껍질이나 사자의 갈기 등 그리고자 하는 동물의 특징이 잘 표현된 그림을 보며 따라 그리는 것이 좋답니다.

필자는 토끼가 가진 큰 귀의 특징을 살려 껑충 뛰려고 하는 모습부터 서 있는 모습, 그리고 이상한 나라의 앨리스에 나오는 말하는 토끼까지 다양한 토끼 캐릭터를 그렸어요.

화살표

화살표는 시각화에서 가장 많이 사용하는 도구예요. 계획, 도전, 목표 등 역동적인 프로세스를 표현할 때 자주 사용해요. 화살표는 선, 면, 입체로 다양하게 표현할 수 있으며, 더 나아가 하트, 음표, 천둥번개 등의 그림과 결합하면 다양한 의미를 전달할 수 있답니다.

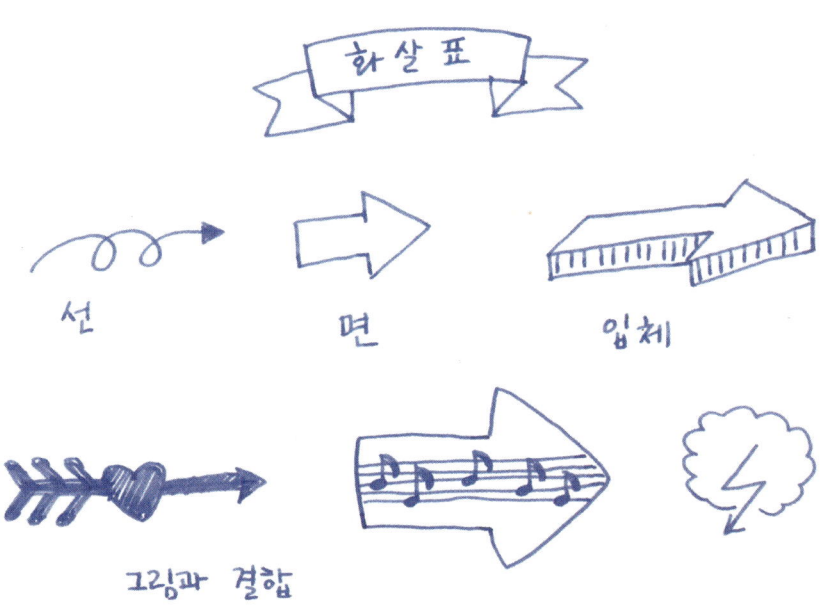

기본형 화살표를 따라 그려 봐요.

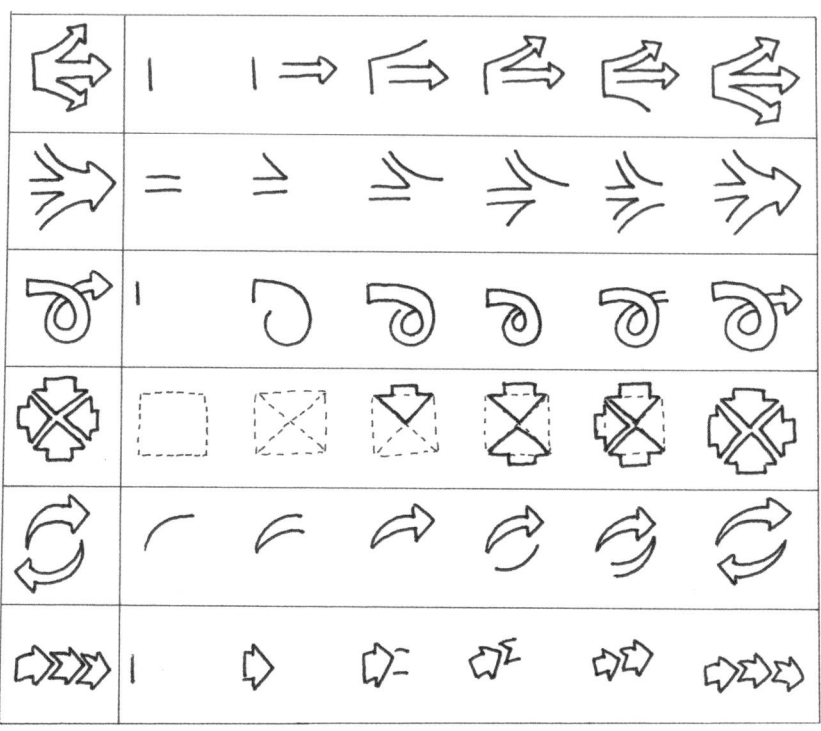

화살표 그리는 법

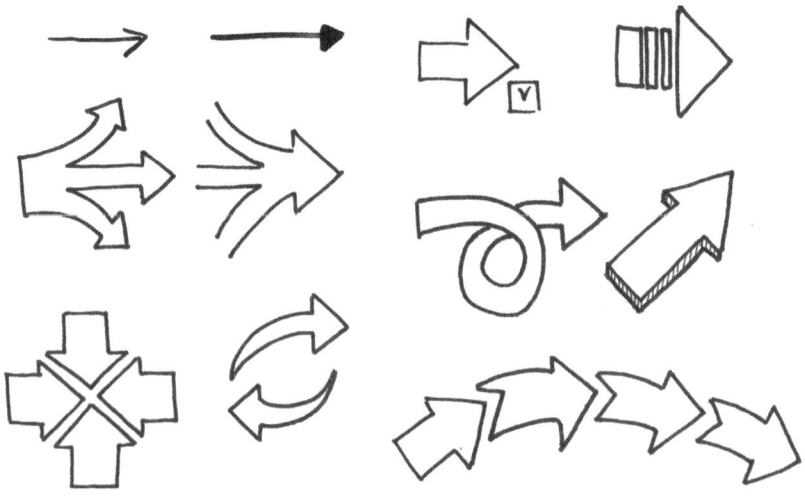

다양한 화살표 아이콘을 그려 봐요.

다양한 이미지형 화살표를 그려 봐요.

말풍선

말풍선은 사람 또는 의인화된 사물이나 동물과 함께 사용해요. 제일 많이 사용하는 기본형 말풍선에는 일반적인 대화체의 말을 넣으면 되며, 독백이나 마음속 생각을 표현할 때는 혼잣말 말풍선을, 깜짝 놀라는 감정을 대화에 싣고 싶을 때는 외곽선이 뾰족한 말풍선을 사용하면 됩니다. 또 꿈을 꿀 때는 둥실둥실한 말풍선을, 여러 명이 동시에 하는 말을 나타낼 때에는 말풍선 꼬리를 여러 개 그려 사용합니다. 말풍선 안에는 말뿐만 아니라 그림을 넣어서 표현할 수도 있어요.

다양한 말풍선을 표현해 봐요.

대가의 그림 따라 그리기

'대가'의 그림이라고 하면 엄청난 실력을 가진 클림트나 렘브란트 같은 유명 화가들이 떠오르면서, 과연 '내가 대가의 그림을 따라 그릴 수 있을까'라는 생각이 들 거예요. 하지만 걱정 마세요. 우리가 여기서 배울 대가의 그림은 선을 사용하여 사람과 동물, 사물을 단순하지만 독창적으로 표현한 피카소나 키스 해링 같은 작가의 작품들이랍니다.

아래는 필자가 피카소와 키스 해링의 작품을 보면서 따라 그린 그림입니다. 피카소는 그림의 가장 기본인 선을 사용하여 동물들을 표현했어요. 어때요? 되게 간단해 보이는 그림이지만 어떤 동물을 그렸는지 잘 알 수 있죠? 키스 해링은 사람과 동물, 주변의 물건들을 위트 있고 단순하게 표현했답니다.

이모티콘도 상황, 감정, 행동 등의 특징이 잘 표현된 이미지 중 하나랍니다. 특히 우리가 자주 사용하는 '카카오톡 프렌즈' 아이콘들은 그리기도 쉽고 각각의 개성이 잘 부각되어 있어 따라 그리기 안성맞춤이랍니다.

픽토그램 또한 그리기 좋은 재료입니다. 일상에서 픽토그램을 접하면 사진으로 남겨 둔 후 따라 그려 보도록 해요.

우리 직접 그려 봐요!

하나
아래 그림을 보고 스틱맨을 따라 그려 봐요.

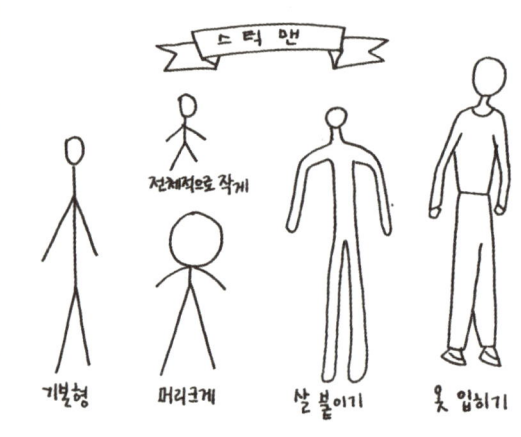

둘

아래 그림을 보고 사물을 따라 그려 봐요.

03 나만의 비주얼 단어장 만들기

열혈 독자님이 씽킹 톡에 입장하셨습니다.

은주쌤! 단순화 다음은 뭘 해야 하나요?
어떤 걸 해야 할지 막막해요. ㅠㅠ 계속 그림만 그리면 되는 걸까요?

아뇨! 그림도 그리고 생각도 해야 한답니다~!

어떻게요?

그림을 그리면서 떠오른 생각들이 있을 거예요.
그 생각을 날것 그대로 써 봐요.

이해가 잘 안 돼요 쌤. ^^;;
쉽게 설명해 주세요!

처음이라 어렵게 느껴질 수 있을 거예요. ^^
이해하기 쉽도록, 먼저 우리의 '뇌' 이야기를 좀 해 볼게요.
뇌가 좌뇌와 우뇌로 나누어져 있다는 말, 들어 보셨죠?

네 들어 봤어요.

좌뇌는 글자 뇌, 우뇌는 이미지 뇌라고 할 수 있어요.
좌뇌가 우산이라는 글자를 쓰면
우뇌는 우산 그림을 그린답니다.

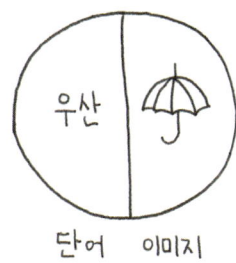

아, 그렇군요!

위처럼 글자와 이미지를 연결해서 글을 쓰고
그림을 그리면 된답니다.

어렵게만 생각했는데 생각보다 간단하네요!

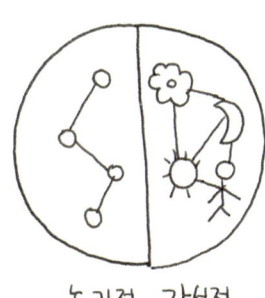

글은 논리적인 생각을 하는 데 도움을 주고
그림은 감성적인 생각을 하는 데
도움을 준답니다.
뇌에서 자연스럽게 글과 그림이 연결되도록
연습해 보도록 해요.

네! 열심히 해 볼게요!

좌뇌와 우뇌를
연결해서 사용하자

앞서 나온 그림 단순화 방법은 잘 배우셨나요? 그렇다면 이제 비주얼 씽킹을 더 효과적으로 활용할 수 있는 방법을 소개하도록 하겠습니다. 그건 바로 바로 바로! '좌뇌와 우뇌를 연결'하는 겁니다. 머릿속에 있는 뇌를 연결한다니, 이해가 잘 안 되시죠? ^^

이것을 쉽게 이해할 수 있도록 먼저 좌뇌와 우뇌에 대한 얘기를 좀 할게요. 우리의 뇌는 매우 복잡하고 정교하기 때문에 좌뇌와 우뇌로 정확히 나누긴 어렵지만, 단순화 해보면 좌뇌는 언어 뇌, 우뇌는 이미지 뇌로 나눌 수 있어요.

다음은 좌뇌와 우뇌에 대한 설명이에요.

> 좌뇌는 '단어를 인식하는' 역할을 하고
> 우뇌는 인식된 단어와 알맞은 '이미지를 떠올리는' 역할을 해요.
> 즉, 좌뇌가 '수박'이라는 글자를 우뇌에 전달하면
> 우뇌는 '잘 익은 수박, 먹기 좋게 잘라 놓은 수박'과 같은 이미지를 떠올리는 거죠.
> 이렇게 입력되는 단어와 알맞은 이미지를 떠올리기 위해
> 우뇌에는 대량의 이미지를 저장해 둔 보관함이 있어요.

비주얼 씽킹은 좌뇌와 우뇌를 골고루 사용하는 학습법이기 때문에 좌/우뇌를 함께 발달시키는 게 중요해요. 좌뇌와 우뇌를 동시에, 효과적으로 향상시키기 위해서는 먼저 뇌를 단순화한다고 생각하며 원으로 표현하고 반으로 나눠요. 이후 왼쪽에는 '수박'이라는 글자를 쓰고 오른쪽에는 생각나는 수박 이미지를 그립니다. 저는 검은

줄무늬와 녹색이 어우러진 잘 익은 수박과 먹기 좋게 잘라 검은 씨가 보이는 빨간 수박을 그렸어요.

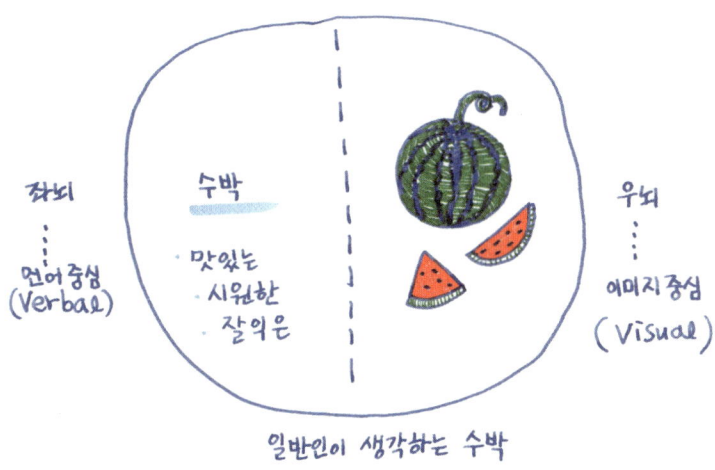

사람마다 '수박'을 생각하면 우뇌에 떠오르는 이미지가 달라요. 먹기 좋은 수박은 일반인이 생각하는 수박 이미지죠. 수박 농사를 짓는 농부라면 보관함에 일반적인 수박 이미지는 물론 건강한 수박 잎과 그렇지 못한 수박 잎도 들어 있겠죠?

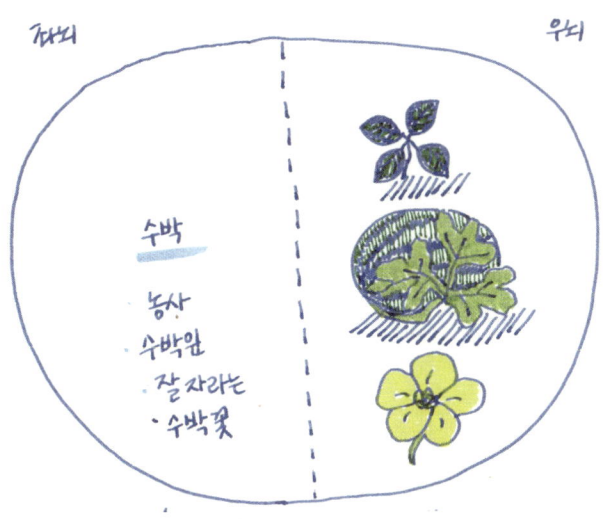

생각을 '잘 표현한다'는 것은 좌뇌와 우뇌를 골고루 '잘' 쓴다는 거예요. 그렇기 때문에 좌뇌와 우뇌를 함께 성장시켜야 해요. 글을 읽고 내용을 요약하는 것이 좌뇌에게 음식을 주는 것이라면, 그림을 그리는 것은 우뇌에게 음식을 주는 것과 같아요. 따라서 우리는 글로만 정리하는 습관을 고치고 글을 그림으로 표현하면서 좌뇌와 우뇌를 골고루 발달시키는 연습을 해야 한답니다.

글과 그림으로 만든
비주얼 단어장

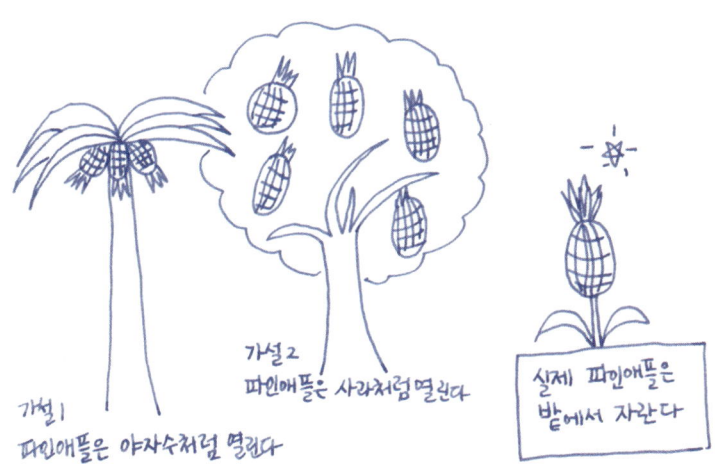

여러분! 파인애플 나무가 어떻게 생겼는지 알고 있나요?

대부분의 사람들은 파인애플이 코코넛이나 사과처럼 나무에 열린다고 생각해요. 하지만 파인애플은 밭에서 자란답니다. 잘 생각해 봐요. '파인애플 나무'라는 단어가 어색하게 느껴지지 않나요?

코끼리라는 단어를 보면 머릿속에 바로 코끼리 이미지가 떠오릅니다. 우뇌에 코끼리 이미지가 저장되어 있기 때문에 단어를 본 순간 바로 단어와 연관된 이미지가 동시에 떠오르는 거죠. 레몬을 생각하면 침이 고여요. 레몬은 레몬 이미지와 함께 신맛까지 연결되기 때문이죠.

이번에는 테크놀로지 분야로 눈을 돌려 보도록 할까요? 드론, 3D, 가상증강현실 등 새로운 기술 용어를 들어본 적이 있죠? 하지만 막상 용어를 떠올리면 이게 정확히 어떤 것인지, 어떻게 생겼는지 잘 생각나지 않을 거예요. 이처럼 새로운 용어나 단어는 일상생활에서 쉽사리 접하기 힘들기 때문에 바로 떠올리기가 어려워요. 이럴 때에는 글과 그림을 연결해서 기억하면 쉽게 이해할 수 있고 오래 기억할 수 있답니다.

글과 그림을 연결하는 방법은 아주 간단합니다. 앞서 배운 좌뇌와 우뇌 연결법을 사용해서 '단어'를 '쓰고' 단어와 알맞은 '그림을 그린' 다음 '나의 생각'을 적은 비주얼 단어장을 만들면 돼요. 예를 들어, 의자라는 단어로 비주얼 단어장을 만든다고 하면 먼저 단어를 쓰고 의자를 그린 다음 의자에 관한 나의 생각을 쓰면 돼요. 의자라는 단어는 객관적이기 때문에 누구나 동일하게 쓰지만, 그림과 생각은 주관적이기 때문에 사람마다 다른 의자 그림을 그리고 그 의자와 관련된 개인의 추억, 느낌을 적는답니다. 만약 단어가 아닌 문장이라면, 글의 핵심만 남기고 줄여 나가도록 해요. 그림은 계속 추가하고요. 비주얼 씽킹에서는 글보다 '그림'이 핵심이라는 거! 잘 알고 있죠? 글은 줄여 나가고 그림은 늘리고, 글은 빼고 그림은 더하면서 비주얼 단어장을 만들어 보도록 해요. 이러한 비주얼 단어장은 단어와 그 단어를 표현하는 그림이 그려진 사전과 같아요. 이렇게 나만의 비주얼 사전을 만들다 보면 생각의 표현력이 쑥쑥 성장한답니다.

이번에는 비주얼 단어장을 만드는 데 가장 중요한 '단어'를 좀 더 심도 있게 알아보도록 할게요. 단어에는 구체어와 추상어가 있어요. 구체어는 '나무', '꽃'과 같이 직관적인 사물을 지칭하는 것이고 추상어는 '사랑', '추억' 등 손에 잡히지 않는 관념적인 것들을 지칭하는 것입니다. 당연히 추상어보다 구체어를 표현하는 것이 더 쉬워요. 따라서 처음 비주얼 단어장을 만들 때에는 눈에 보이는 것, 바로 따라 그릴 수 있는 구체어로 시작하는 게 좋답니다.

단어 중에는 하나의 단어에 두 가지 의미가 담긴 것들이 있어요. 예를 들어, '사과'나 '가위' 같은 단어를 말해요. 사과는 먹는 사과와 상대방에게 용서를 구할 때 사용하는 두 가지 뜻을 가지고 있으며, 가위 또한 가위 바위 보를 할 때의 가위와 종이나 음식 등을 자르는 가위, 두 가지 의미를 내포하고 있어요. 이처럼 동일하지만 다른 뜻을 가진 단어를 사용해 비주얼 단어장을 만들면서 실력을 키워 나가도록 해요.

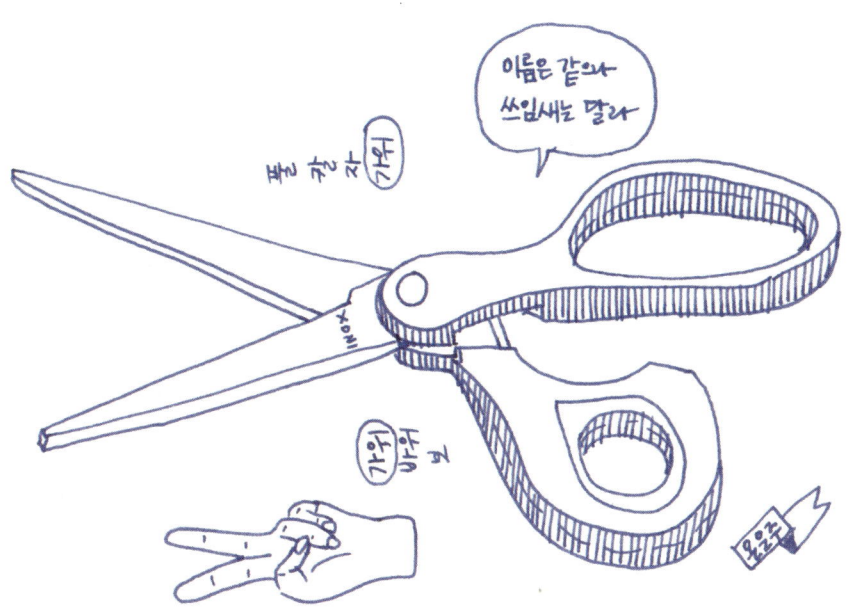

아래는 수강생이 그린 비주얼 단어장으로, '내가 좋아하는 공간에 있는 물건'들을 표현한 거예요. 물건의 이름을 상단에 적고 그림을 그리며 단어를 시각화했답니다.

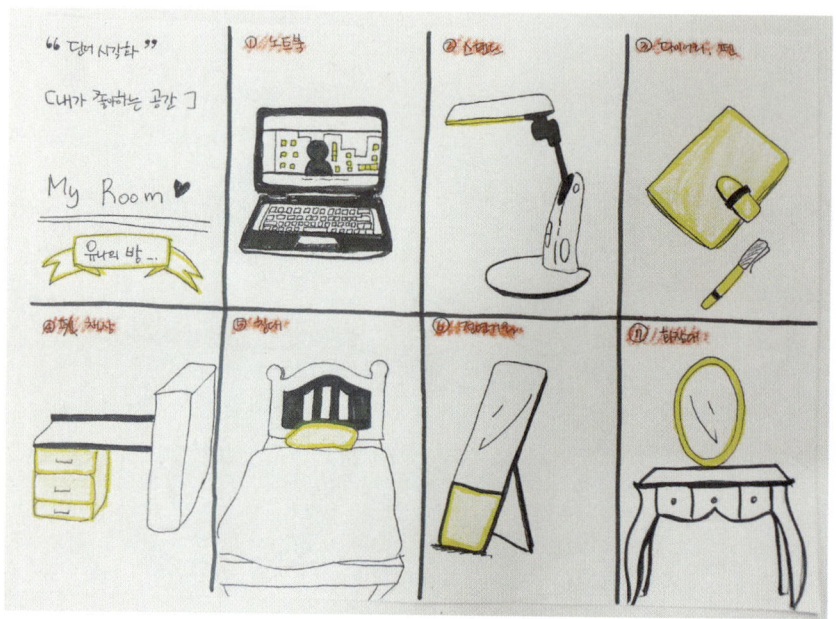

명사 비주얼 단어장

명사 비주얼 단어장은 '명사'를 중심으로 그 명사와 관련된 그림을 그리고 다양한 생각들을 적은 단어장이에요. 명사 단어장을 만들기 위해서는 먼저 단어장에 떠오르는 명사를 적은 후 명사와 관련된 그림을 그리고 옆에 생각을 적으면 됩니다. 만약 '의자'라는 단어를 적었다면, 자신이 생각한 실제 의자 그림을 그린 다음 그림 옆에 의자와 관련된 자신의 느낌·생각을 적으면 돼요. 책상 의자, 식탁 의자 등 의자의 종류는 다양하기 때문에 떠오르는 의자를 그리고 생각을 써 넣으면 간단하게 나만의 명사 비주얼 단어장을 만들 수 있답니다.

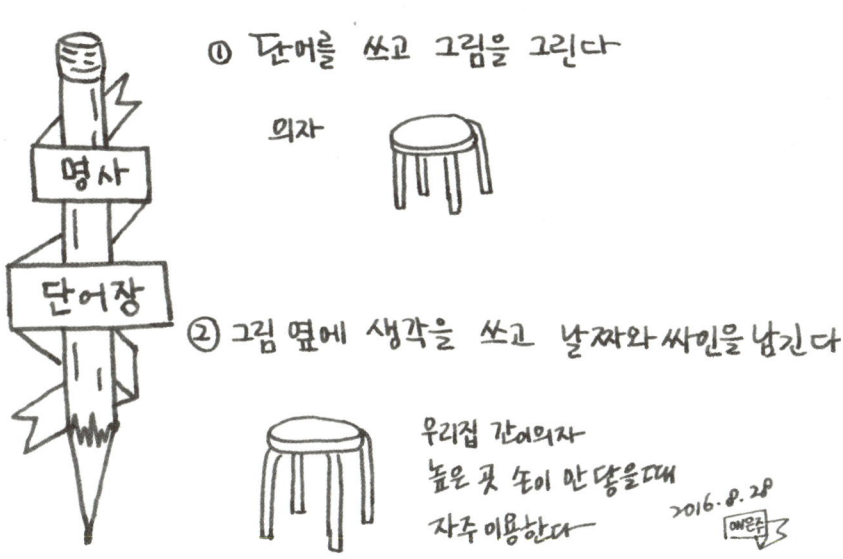

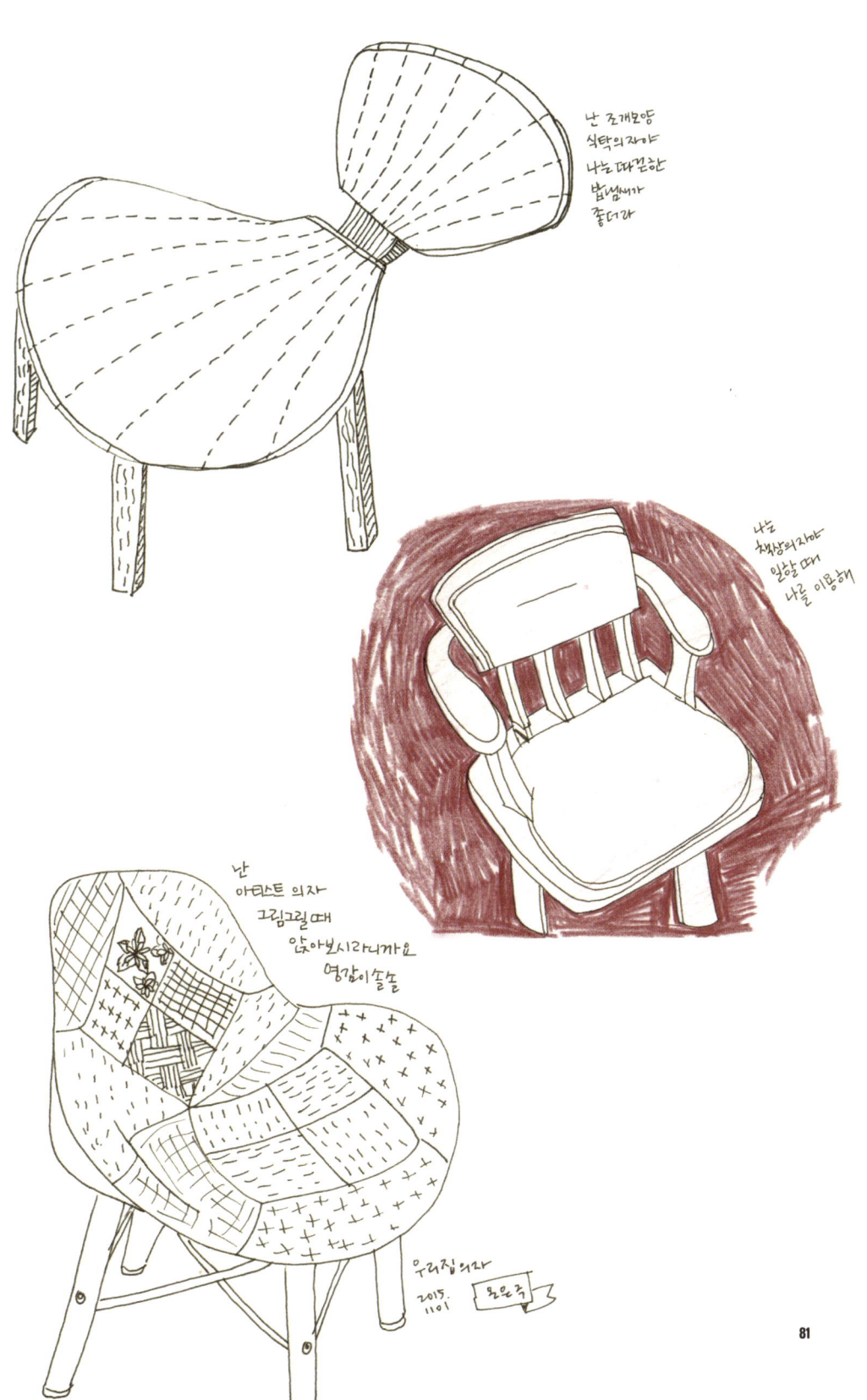

아래는 필자가 만든 명사 비주얼 단어장으로, '뒷모습'이라는 명사를 표현한 그림들이에요. 뒷모습이라는 주제를 중심으로 다양한 배경을 넣어 각기 다른 느낌을 표현했어요. 그림 옆에 생각이나 느낌을 에세이처럼 적어 '그림 에세이 노트'를 만들기도 했답니다.

: 온은주의 그림 에세이 :

기분이 좋지 않아
터벅터벅
걸어가는데
어깨를 툭 치며
말을 거는 그 사람.

"괜찮아?"

뒷모습만 보고도
내가 어떤 기분인지
어떤 생각을 하는지
알아봐 주는
그대가 있어서
나는 행복한 사람이 아닐까.

뒷모습,
힘듦이 드러나는

: 온은주의 그림 에세이 :

물감에 관한 기억들을 떠올려 보니
11살, 초등학생 때 코스모스를 색칠하고
16살, 고등학생 때 등나무를 색칠했어요.

그 이후로 물감에 대한 기억이 없어요!
23년이 지난 어느 날
39세 어른이 되어 물감으로 색칠하기를
다시 시작했어요.
그 기념으로 물감을 그렸어요!

로트링펜·수채물감

물감,
23년 만에 되찾은 색칠의 추억

동사 비주얼 단어장

이번에는 동사를 사용해 비주얼 단어장을 만들어 보도록 할게요. 만드는 방법은 명사 단어장과 동일해요. 노트에 명사 대신 동사를 쓰고 그림을 그린 다음 동사를 생각했을 때 떠오르는 생각이나 느낌을 적으면 됩니다. 예를 들어 '녹는다'라는 동사를 사용해 동사 단어장을 만들고 싶다면, 먼저 '녹는다'라는 동사를 비주얼 단어장에 적은 후 동사와 어울리는 상황이나 관련 물건을 그려요. 이후 그림 옆에 '녹는다'라는 동사를 생각했을 때 떠오르는 생각을 적으면 된답니다.

① 동사를 쓰고 그림을 그린다

녹는다

② 그림 옆에 내 생각을 쓴다

아이스크림이 녹는다
녹기 전에 빨리 먹어야 한다
달콤한 맛이 먼저인지
시원한 맛이 먼저인지 모른채

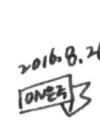

필자는 '녹는다'라는 동사를 생각하면 물컵에 가라앉아 보글보글 기포를 만들며 녹는 기포 비타민과 동그란 모양을 유지하며 느리게 녹는 솜사탕이 생각나요. 또 더운 여름 날, 내리쬐는 태양 아래에서 물을 뚝뚝 흘리며 빠르게 녹아내리는 얼음과 따뜻한 커피 안에서 사르르 녹는 설탕도 떠오른답니다. 그리고 보이지는 않지만 따뜻한 말 한마디에 녹아내리는 마음도 생각나요. 어때요? '녹는다'라는 동사 하나가 가지고 있는 표현들이 정말 다양하죠?

이번에는 '타다'라는 동사를 떠올려 보도록 할까요? 저는 '커피를 타는', '장작이 타는', '자전거를 타는', '그네를 타는' 다양한 모습이 떠올랐어요. 떠오르는 여러 생각 중에 '그네를 타는' 동사 그림을 그린 후 그네를 의인화하여 그네가 가질 법한 생각을 적었습니다.

이처럼 비주얼 단어장은 만드는 방법이 간단하지만 좌뇌와 우뇌의 발달을 도와주고 창의성을 높여 주는 효율적인 학습법이에요. 생각이 떠오를 때마다 비주얼 단어장을 꺼내 그림을 그리고 생각을 적는 활동을 꾸준히 하면 자신도 모르게 어느새 실력이 쑥쑥 자라 있을 거예요.

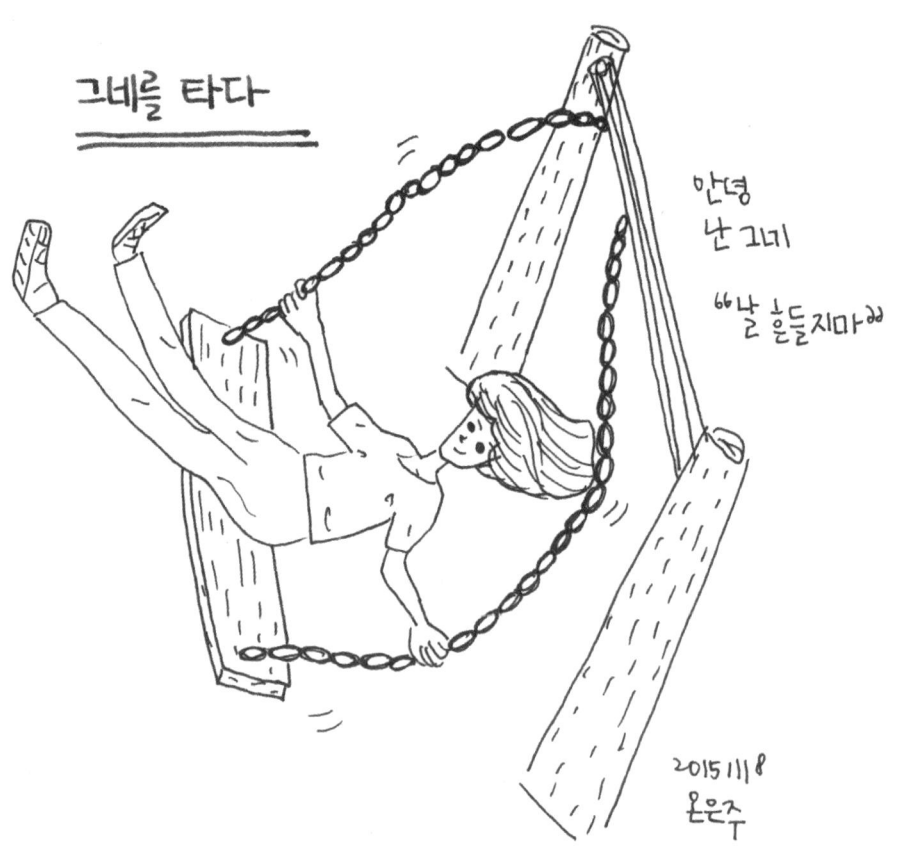

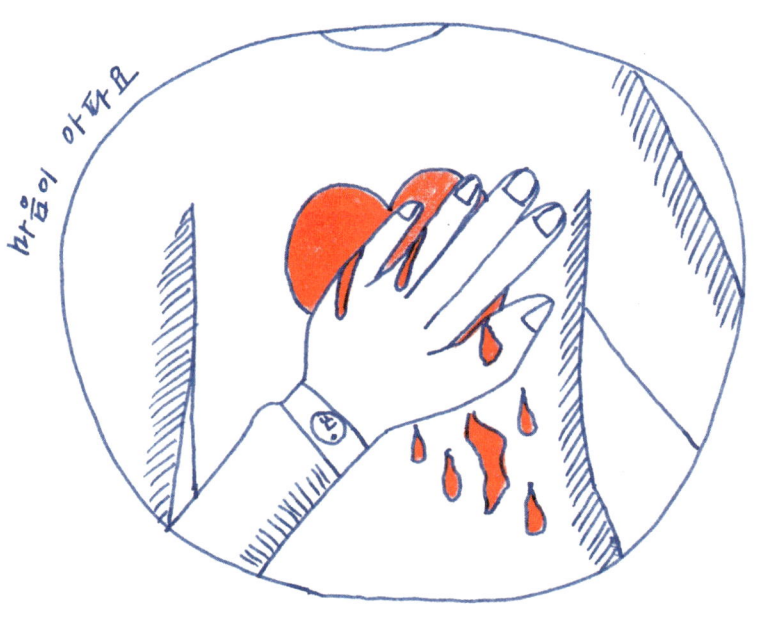

오감과 놀자

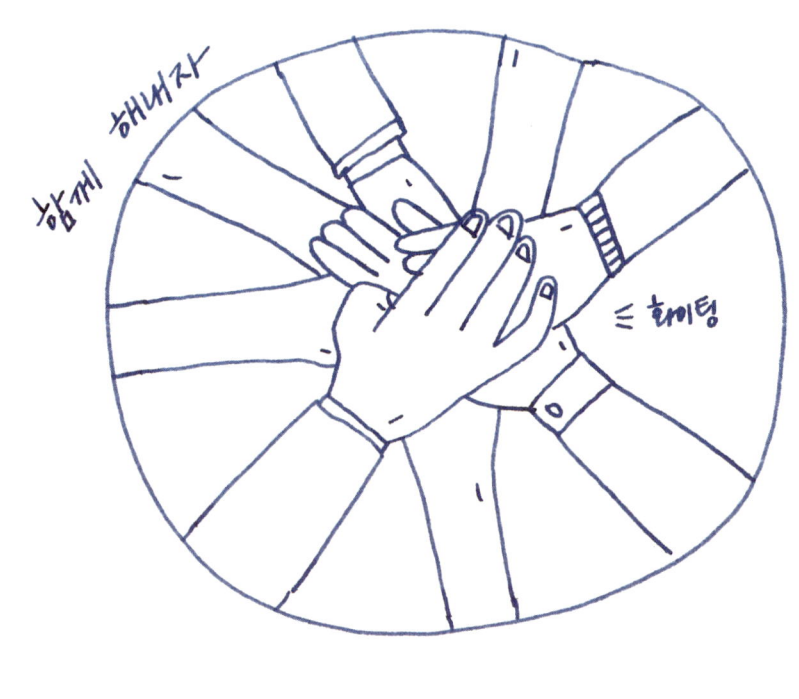

문장 비주얼 단어장

이번에는 앞서 배운 명사와 동사를 함께 활용하는 문장 시각화 방법을 배워 보도록 하겠습니다. 단어와는 달리 문장은 명사, 동사 등이 결합되어 있는 형태이기 때문에 그림으로 표현할 수 있을 만큼 문장을 나누는 작업부터 시작해야 해요. 이후 나눈 문장을 중심으로 그림을 그린 다음 한 장에 결합하는 방식을 사용해야 해야 한답니다.

박효신의 '눈의 꽃' 가사를 시각화한 그림이에요.

눈의 꽃 박효신

1️⃣ 어느새 길어진 그림자를 따라서
땅거미 진 어둠 속을 그대와 걷고 있네요.

2️⃣ 손을 마주잡고 그 언제까지라도
함께 있는 것만으로 눈물이 나는 걸요.

3️⃣ 지금 올해의 첫눈 꽃을 바라보며 함께 있는 이 순간에
내 모든 걸 당신께 주고싶어 이런 가슴에 그댈 안아요.

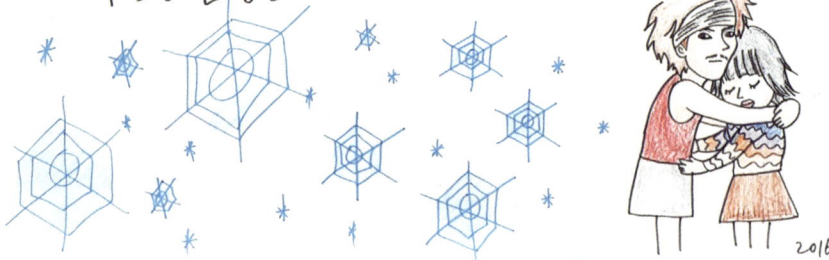

2016.08.16

이번에는 패닉의 '달팽이' 가사를 시각화했어요.

우리 직접 그려 봐요!

하나

다음 그림을 참고하여 동사 '녹는다'와 관련된 떠오르는 것들을 그림으로 그려 봐요.

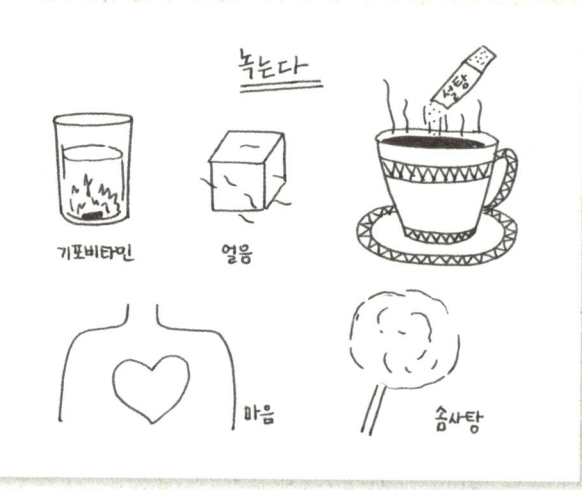

둘

아래는 패닉이 부른 '달팽이'라는 노래 가사의 한 구절입니다.
다음에 나올 가사를 쓰고 그림으로 그려 봐요.

좁은 욕조 속에
몸을 뉘었을 때...

04 하루 15분 30일 프로젝트

열혈 독자님이 씽킹 톡에 입장하셨습니다.

은주쌤! 이제 비주얼 씽킹을 어떻게 하는지 잘 알 것 같은데 혼자 하는 게 너무 힘이 들어요. ㅠㅠ

맞아요. 혼자서 하는 게 쉽지 않을 거예요.
이번에는 혼자서 꾸준히 할 수 있도록
습관을 만드는 방법을 알려 드리도록 할게요.

네! 열심히 배우도록 하겠습니다. +_+

먼저, 습관을 들이고 하루의 시간을 알차게 사용하는 방법을 배우기 전에! 질문 하나 할게요. ^^
하루 1%가 몇 분인지 아나요?

아... 아니요.
한 번도 생각해 본 적이 없는 거 같아요. ^^;

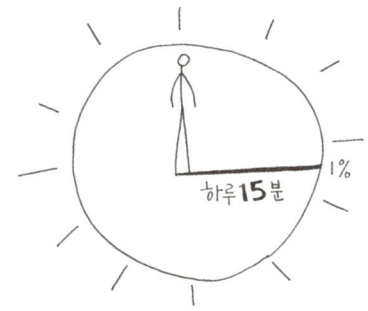

하루의 1%는 15분이에요.

15분이라는 시간을 하루와 비교하면 미미하지만
하루 15분씩 30일 동안 꾸준히 하면
실력이 쑥쑥 성장한답니다.

1% 투자만으로 가능하다고요?

네, 30일이면 습관을 들일 수 있고
나를 변화시킬 수 있어요!

하루 15분 정도면
혼자서 꾸준히 할 수 있겠는데요.^^

하루 15분 투자 비법

비주얼 씽킹을 꾸준히 하려면 '습관'이 필요해요. 하지만 습관을 들이는 것은 쉽지 않다는 거! 다들 알고 있을 거예요. 그래서 이번에는 꾸준히 지속할 수 있는 힘을 기르는 방법을 알려 드리려고 해요. 필자가 알려 주는 방법을 통해 습관을 들이고, 습관을 통해 시간이 흐른 뒤 긍정적으로 변화된 나의 모습을 기대해 보도록 해요.

습관은 시간을 투자해 '꾸준히, 계속해서' 무언가를 할 때 만들어지는 행동이에요. 쉽게 이루어지지 않는답니다. 그래서 필자는 하루 15분, 30일 동안 비주얼 단어장을 만드는 '30일 프로젝트'를 여러분께 소개하려고 합니다. '30일 프로젝트'는 비주얼 단어장의 주제를 선정하고 30일 계획표를 짠 다음 단어장을 채운다는 목표로 하루 15분, 비주얼 씽킹 시간을 정해 시간에 맞춰 그림을 그리는 프로젝트예요. 완주를 목표로 30일 프로젝트를 시작해 보도록 하세요. 30일 동안 연속으로 하는 게 힘들면 30회 완주로 변형해도 좋아요.

30일 프로젝트를 '분'으로 환산하면, '15×30 = 450', 총 450분이에요. 시간으로 환산하면 7시간 30분이죠. 하루 동안 집중하면 끝낼 수 있는 일을 이렇게 나눠서 하는 이유는 앞서 말한 것처럼 '습관'을 들이기 위해서예요. 물론 매일 1시간씩 30일 동안 하면 15분만 하는 사람보다 더 빨리 실력이 늘겠죠. 하지만 매일 1시간씩 시간을 내서 무언가를 한다는 것 자체가 심리적 부담감으로 다가올 수 있고 1시간을 다 채우지 못하면 그만두고 싶은 마음이 생길 수 있어요. 뇌는 갑자기 '이거에서 저거로 변경해야겠다!', '매일 이것을 해야겠다!'와 같이 마음먹은 일을 단번에 확 변화시킬 수 없기 때문에 우리는 천천히 변하는 뇌의 습성을 이해하고 그에 따른 습관을 길러야 한답니다.

30일 프로젝트를 시작하기 위해선 먼저 한 가지 주제를 정하고 30일 동안 그려 보는 시간을 가져야 합니다. 왜 꼭 한 가지 주제를 정해야 하는지 의문을 가지는 독자분들이 계실 거예요. 그 이유는 시작을 쉽게 할 수 있도록 하기 위해서랍니다. 매일매일 그릴 주제를 결정하는 것도 꽤나 고민되는 일이기에, 주제를 떠올리고 그림을 그리기 시작하는 데 시간이 오래 걸릴 수 있기 때문이죠. 주제가 정해진 상태라면 바로 자리에 앉아 시작할 수 있어요. 이렇게 하면 15분 동안 온전히 그림을 그리는 데 집중할 수 있답니다.

30일 프로젝트를 통해 완성한 그림이에요.
알록달록 예쁜 단풍들로 물든 가을 산을 표현했답니다.

쪼갤수록 성공이 보인다

어떤 주제로 시작할지 정하는 것에 따라 계속하느냐, 도중에 그만 두느냐가 결정이 납니다. 주제만 봐도 30일 동안 계속 할 수 있을지, 못할지 감이 와요. 주제가 크면 클수록 실패하고 주제가 작으면 작을수록 성공하죠. 이것은 필자가 오랜 비주얼 씽킹 코칭을 통해서 터득한 비법이랍니다.

주제를 정하는 첫 단계는 큰 덩어리의 주제를 한입에 먹을 수 있는 작은 사이즈로 줄이는 거예요. 떠 먹기 쉬운 주제, 한 숟가락 주제라고도 불러요. 30일 동안 할 수 있을 만큼의 덩어리 주제를 떠올린 후 이 주제를 잘게 쪼개어 하루 15분 동안 할 수 있을 정도로 줄입니다. 예를 들면 '스페인 여행기'와 같은 큰 덩어리 주제를 먼저 정하고 이걸 잘게 쪼개어 하루에 15분씩 '스페인을 상징하는 아이콘 그리기'로 나눠요. 그림 그리는 것에 익숙해졌다면 그림과 함께 생각을 덧붙여도 좋아요.

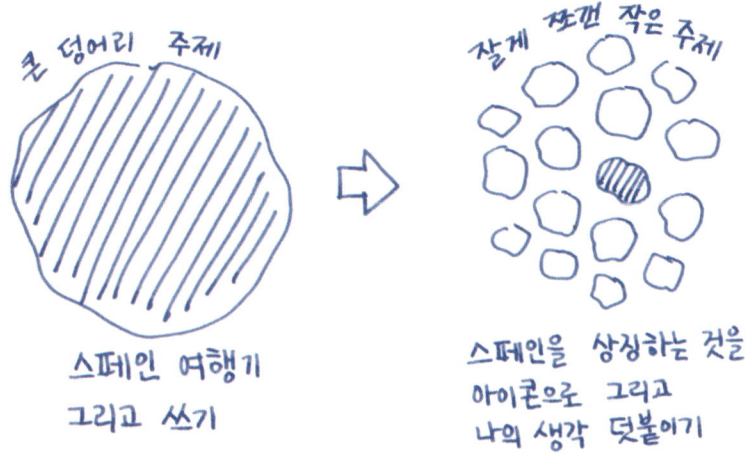

필자의 지인 분은 '내가 가 본 여행지'란 주제를 잡고, 여행 지도를 그리고 관련 정보를 메모하는 것을 목표로 잡았어요. 첫째 날, 15분 동안 그릴 수 있을 만큼의 여행 지도를 그리기로 했는데 계속 그리다 보니 1시간이 넘게 여행 지도를 그리게 되었어요. 멈추기에는 세부적인 내용이 계속 추가되어 끝낼 수가 없었죠. 결국 지도 그리기에 힘이 빠져 30일 프로젝트는 단 1일 프로젝트로 끝나고 말았어요. 다음 날 하려고 하니 첫날처럼 시간이 많이 걸릴까 봐 엄두가 나지 않았다고 해요.

어떤 사람은 '좋아하는 식물 화분 그리기'를 주제로 잡았어요. 역시나 위의 경우처럼 30일 프로젝트는 일주일도 안 돼서 종료되었죠. 화분 하나를 그리려면 보통 2~3시간이 필요한데, 15분의 짧은 시간에 전체를 그리기에는 역부족이었던 거예요. 이와 같은 실수를 범하지 않으려면 주제를 정할 때에 잘게 쪼개어 한 숟가락 주제로 만들어야 해요. 하루 15분 동안 그릴 수 있는 분량으로요. 예를 들어 잎, 줄기, 꽃, 열매 등으로 잘게 쪼개어 하루 15분씩 잎 또는 꽃, 열매 등 한 가지만 그리도록 말이에요. 필자는 나무를 좋아해 하루 15분씩 나뭇잎을 그리기도 합니다. 나무마다 나뭇잎 모양이 다르고, 특히 단풍잎은 제각각 물든 모양이 달라서 30일 프로젝트를 하기에 안성맞춤이에요. 작년 가을에는 다양한 색깔의 단풍잎을 주워서 30일 프로젝트를 진행하기도 했어요.

30일 프로젝트로 단풍잎 그리기

박신영 작가는 책 [기획의 정석]에서 '산을 움직이려고 하는 이는 작은 돌을 들어 내는 일부터 시작해요'라는 공자의 말을 인용하면서 '쪼갤수록 답이 보인다'고 했어요. 필자 또한 이 말에 적극 공감합니다. 돌 하나를 옮기는 건 쉽지만 산 하나를 옮기는 건 어려워요. 산을 옮기겠다는 목표가 있더라도 처음부터 산을 옮길 수는 없어요. 이처럼 처음부터 무리한 계획을 세워 시작하기보다는 하루 15분, 꾸준히 습관을 기르는 연습부터 시도해 보도록 하세요.

실천 확률이 높은
족집게 주제들

앞서 알려 드린 것처럼, 주제를 잘 정해야 30일 프로젝트를 성공적으로 마칠 수 있어요. 따라서 이번에는 '30일 프로젝트를 성공시키는 족집게 주제들'을 소개하도록 하겠습니다.

아래 목록은 모두 필자가 직접 해 보고 성공한 프로젝트 주제들이에요. 이 주제들 중 마음에 드는 것을 골라서 30일 프로젝트를 시작해 보도록 하세요.

- 내 가방 속 물건을 그리고 생각 쓰기
- 부엌에 있는 물건을 그리고 생각 쓰기
- 책상 위 물건을 그리고 생각 쓰기
- 집에 있는 물건을 그리고 생각 쓰기
- 사고 싶은, 갖고 싶은 물건을 그리고 생각 쓰기
- 내가 좋아하는 것들을 그리고 생각 쓰기(과일/장난감/취미 등)
- 봄 하면 생각나는 것을 그리고 생각 쓰기
- 버킷리스트를 그리고 생각 쓰기
- 나의 하루를 그리고 생각 쓰기
- 책을 읽은 후 느낀 점을 그리고 생각 쓰기
- 영화를 본 후 감동적인 장면을 그리고 생각 쓰기

'물건을 그리고 생각 쓰기'는 사람이나 동물, 자연에 비해서 쉬운 주제예요. 작은 물건을 선택해서 그리면 좋아요. 특히 '가방 속 물건 그리기'는 하루에도 몇 번씩 가방에서 물건을 꺼내고 넣기 때문에 눈에 익어 그리기 쉬워요. 또한 가방에 들어가는 물건들은 작기 때문에 큰 물건에 비해 그리기 편하고 항상 가지고 다니기 때문에 그리고 싶을 때 언제든지 꺼내서 그릴 수 있어요. 이외에도 물건이 아닌 버킷리스트, 읽고 있는 책 표지를 그리는 등의 주제들을 사용하여 프로젝트를 할 수도 있답니다.

앞서 소개한 주제들은 비교적 쉬운 주제들이니 참고하여 다양한 주제로 발전시켜 보세요.

30일 계획표가 필요해

30일 프로젝트 주제가 한입에 쏙 들어갈 수 있도록 세세하게 정리되었다면, 이제 프로젝트를 성공적으로 완주할 수 있도록 계획표를 짜 보도록 하겠습니다. 계획표를 꼼꼼하게 짜기 위해서는 먼저 종이나 스케치북에 5×6으로 작은 박스를 그린 다음 1부터 30까지 숫자를 적어요. 이후 박스 한 칸마다 30일 동안 그릴 내용을 하나씩 씁니다. 내용 대신 간단한 그림을 넣어도 돼요.

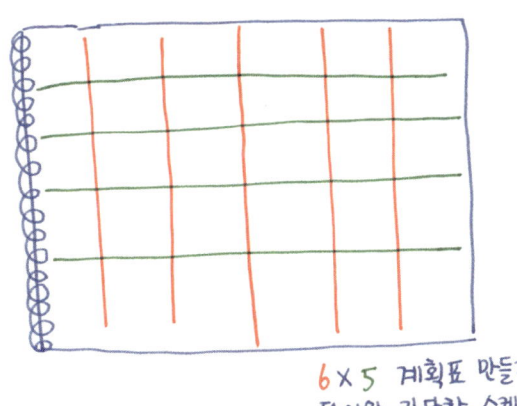

6×5 계획표 만들기
단어와 간단한 스케치!

다음 이미지는 비주얼 씽킹 수강생인 이한진님이 만든 30일 계획표예요. '해외 여행'이란 큰 주제를 정한 다음 여행 중 인상 깊었던 순으로 5개의 여행지를 정하고, 각 국가별로 6개의 추억을 아이콘으로 표현했답니다.

지금은 비주얼 씽킹을 하는 시간

비주얼 씽킹 30일 프로젝트의 주제가 정해지고 계획표까지 완벽하게 준비되었다면, 이제 비주얼 씽킹을 하는 시간을 정하고 매일 반복해요. 시간을 정하고 매일 그 시간마다 비주얼 씽킹을 시작하면 습관을 들이기가 더 수월해집니다. 30일 프로젝트를 실패했던 수강생들과 지인들에게 프로젝트를 완주하지 못했던 이유가 무엇이었냐고 물어보면 대부분이 '까먹어서' 제대로 이어가지 못했다고 대답을 합니다. 습관을 들이지 않으면 이처럼 '잊어버려서' 놓치는 경우가 생길 수 있어요. 9시는 출근 시간, 12시는 점심시간, 오후 10시는 월/화, 수/목, 드라마 시작 시간, 이렇게 시간을 떠올릴 때 특정 활동이 떠오르는 것처럼 특정 시간이 오면 비주얼 씽킹을 하는 시간으로 습관을 들이도록 해요. 비주얼 씽킹 시간을 정확히 몇 시, 몇 분으로 정해 두고 시계를 봤을 때 자동으로 '아! 그림 그릴 시간이야'라고 떠오를 수 있도록 말이죠.

아래는 비주얼 씽킹을 하기에 적당한 시간을 정리한 것이에요. 다음 중 마음에 드는 시간을 고른 후 정확히 몇 시, 몇 분에 시작할지 시간을 정해요. 머리맡이나 책상에 노트와 펜을 미리 준비해서 바로 시작할 수 있도록 해요.

일어나자마자 15분 동안 그려요. 잠들기 전, '아침에 일어나면 비주얼 씽킹을 해야지'라고 생각하면서 잠들면 좋아요.
출근 후 15분 동안 사무실에서 그려요. 하루 일과를 시작하기 전에 머리를 식힌다는 생각으로 그려요.

점심시간을 활용해요. 점심시간보다 15분 늦게 점심을 먹거나, 점심을 먹고 와서 그려요.

퇴근 15분 전에 그림을 그려요. 회사 업무를 마감한 다음 퇴근할 준비를 하면서요.

퇴근 후 집에 들어오자마자 그림을 그려요. 씻거나 밥을 먹으면 잊기 쉬우니 바로 책상에 앉아서 그리는 게 좋아요.

잠들기 15분 전, 하루 일과를 마치고 그림을 그려요. 하루를 정리하는 시간이 돼요.

출·퇴근 중 지하철이나 버스에 앉아서 그리는 방법도 유용해요. 버려지기 쉬운 시간을 재활용하면 좋답니다.

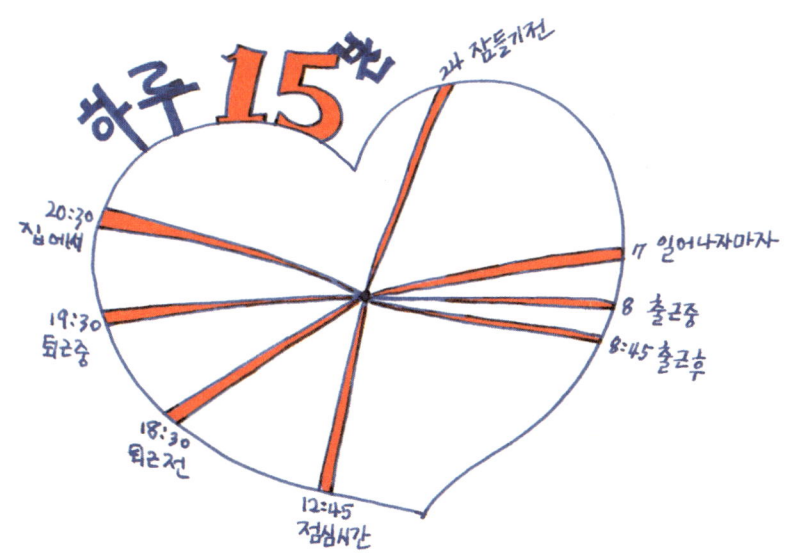

우리 직접 그려 봐요!

하나
책상에 있는 물건을 그리고 생각을 글로 써 봐요.

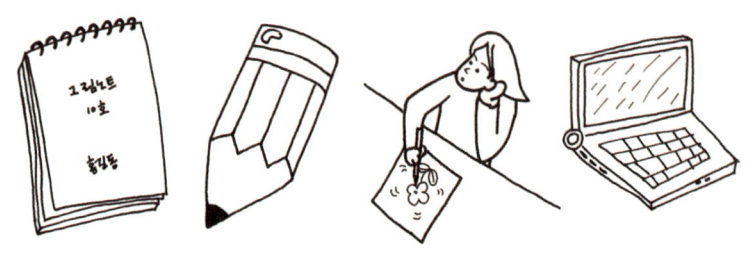

둘

'봄' 하면 떠오르는 것을 그리고 생각을 글로 써 봐요.

05 종이와 펜,
색칠 문구까지 핵심 콕콕

열혈 독자님이 씽킹 톡에 입장하셨습니다.

은주쌤, 제가 어제 비주얼 씽킹에 필요한
문구를 사러 갔었는데요.
세상에나, 종이와 펜 종류가 어마어마하게 많더라고요!

그렇죠? ㅅㅅ
저도 펜 하나를 사러 갈 때에도
다양한 종류의 문구를 써서 보고 구경하느라
몇 시간을 문구점에서 보내곤 해요.

ㅋㅋㅋ 이 수많은 펜과 종이 중에
어떤 것을 사용해야
비주얼 씽킹을 효과적으로 할 수 있을까요?

비주얼 씽킹을 효과적으로 하기 위한!
'마법의 도구(?)'는 사실
딱 정해져 있지 않아요.
사용자가 직접 써 보고 자신에게 맞는 문구를
고르는 게 제일 효과적이랍니다.

헉! 저렇게나 많은 문구를
어떻게 다 써 보고 고르나요. ㅠㅠ
비법 좀 알려 주세요. ㅠㅠ

흠흠.
그렇다면 제가 가지고 있는 노하우를
풀어 보도록 할까요? ^^

꺅! 어서요, 쌤!

무지 좋은 무지 노트

노트는 큰 틀에서 봤을 때 무지와 줄 노트로 나눌 수 있습니다. 줄 노트는 정해진 간격이 있어 삐뚤어지지 않게 글을 쓸 수 있는 장점이 있지만 무지 노트처럼 자유롭게 낙서하며 그림을 그리기엔 무리가 있어요. 무지 노트는 정해진 간격과 선이 없어 규격에 맞춰서 무엇을 작성해야 할 때에는 적당하지 않지만 글과 그림을 마음대로, 위치에 구애받지 않고 채울 수 있는 장점이 있답니다. 비주얼 씽킹은 글과 그림 모두를 사용하여 표현하기 때문에 줄 노트보다는 아무것도 채워지지 않은 무지 노트가 효율적이에요.

노트는 일반적으로 A4 사이즈의 반절인 A5를 가장 많이 씁니다. 일반 책과 비슷한 사이즈라고 보면 돼요. 이 정도 크기의 노트가 가방에 넣고 다니기 편합니다. 이 사이즈의 노트도 들고 다니기 힘들거나 그림을 그리기에 부담스럽다면 A5의 절반인 A6를 쓰도록 해요. 크게 그리고 싶을 때는 A4 또는 A3를 쓰면 좋답니다.

노트 종이는 질감이나 두께에 따라 느낌이 천차만별이고, 그림이 비치는 정도가 다르기 때문에 판매하는 곳에서 직접 샘플용 노트를 테스트한 후 나에게 맞는 노트를 구매하는 것이 좋답니다.

스케치북은
서점에 산다?

초등학생 때에는 언제든지 학교 앞 문방구에서 손쉽게 스케치북을 살 수 있었지만 어른이 된 지금, 당장 스케치북을 사러 나간다면 어디로 가야 하는지, 주변에 갈 만한 곳은 있는지 한참 생각하게 돼요. 그럴 땐 교보문고나 영풍문고 안에 있는 문구점에 가 보도록 해요.

서점에 있는 문구점에 도착하면 생각보다 많은 종류의 스케치북을 보고 잠시 혼란(?)에 빠질 수도 있을 거예요. 그럴 땐 먼저 스케치북의 두께를 살펴보는 게 좋아요. 스케치북은 종이 무게가 무거우면 두껍고 가벼우면 얇아요. 만약 휴대용으로 사용할 거라면 얇은 스케치북을, 집이든 회사든 한 장소에 두고 사용할 거라면 두꺼운 것을 고르도록 해요. 볼펜을 사용할지, 그린 그림에 색연필이나 물감을 칠할지에 따라서도 종이의 두께를 고려하도록 해요. 볼펜을 사용해서 그림을 그릴 경우에는 얇은 종이를, 색을 칠한다면 200g 이상 되는 종이를 고르는 게 좋답니다. 일반적으로 많이 사용하는 A4 종이가 보통 75g이니 이를 기준으로 생각하면 200g은 꽤 두꺼운 종이죠. 참고로 필자는 120g의 종이를 자주 쓴답니다. 종이 중에는 시간이 지나도 잉크나 물감이 스며들지 않는 종이도 있어요. 이런 종이는 진한 색을 칠하거나 수채화를 할 때 좋답니다. 스케치북은 묶음도 있고 낱장도 있어요. 본인이 쓰기 편한 것을 골라서 사용하면 됩니다.

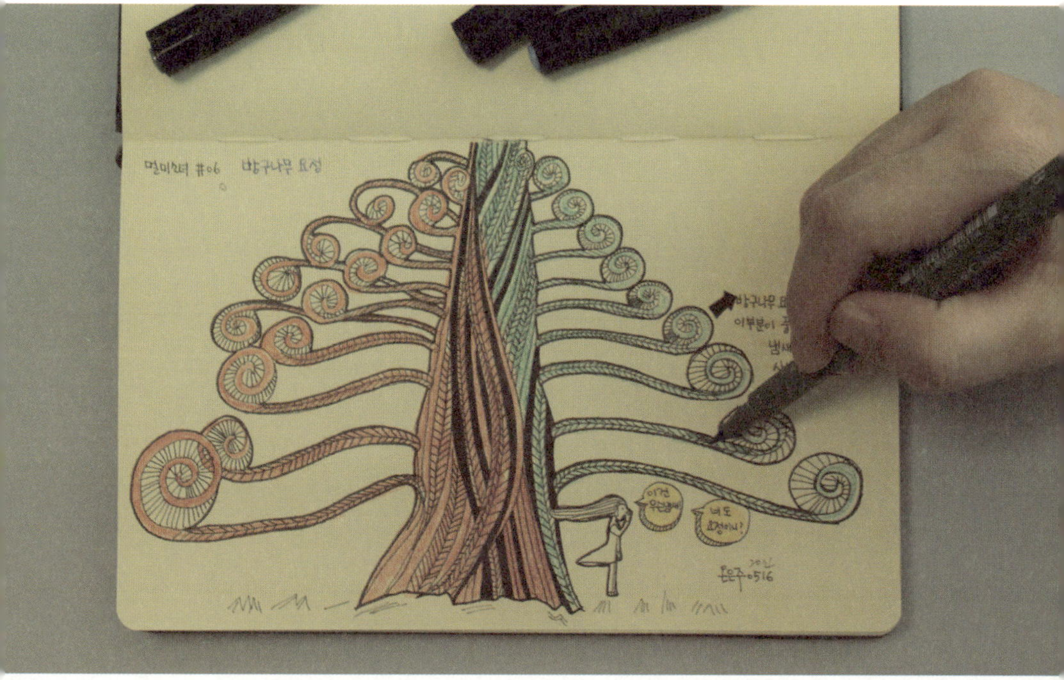

온은주 작가의 스케치북

'사각사각' 연필 소리가 좋아

필자는 비주얼 씽킹을 처음 시작했을 때 연필을 사용해서 그림을 그렸어요. 그린 그림을 쉽게 수정할 수 있고 무엇보다도 연필이 종이에 닿을 때 나는 사각사각 소리는 마음속 깊이 가라앉아 있던 여러 감정들을 깨워 주었기 때문이죠.

연필은 종류에 따라 3~5개 정도를 미리 깎아 놓고 사용해요. 심의 굵기에 따라 느낌이 달라지기 때문이에요. 연하게 표현하고 싶을 땐 2B를, 2B보다 조금 더 굵은 느낌을 살리고 싶을 때에는 3B를, 진한 선을 나타내고 싶을 때는 4B를 사용해서 그림을 그리도록 해요. 연필을 사용할 때에는 연필과 함께 사용되는 지우개와 칼, 연필깎이 등 짝꿍들이 필요하니 함께 구매해서 사용하도록 하세요.

좋은 펜, 나쁜 펜, 이상한 펜

펜은 종류에 따라 각각의 고유한 특성을 가지고 있어요. 펜의 특성에 따라 필감이 다르기 때문에 꼭 테스트를 해 보고 펜을 구매해야 해요. 또한 종이 재질에 따라 같은 펜이라도 표현되는 느낌이 다르기 때문에 아래와 같이 몇 가지 테스트를 해 보면서 나에게 좋은 펜, 나쁜 펜, 느낌이(?) 이상한 펜을 가려 나가도록 해요.

필감 테스트는 종이에 선이나 원을 그리며 필감이 부드러운지, 거친지를 느껴 보는 거예요. 종이에 펜이 닿았을 때 큰 힘을 주지 않아도 부드럽게 그려지는지, 선이 끊기는 느낌이 들지는 않는지 살펴보면 됩니다. 종이에 작은 원을 여러 개 그리고 손으로 문질러 번짐 테스트도 해 봐요. 펜 끝 모양이 딱딱한지 부드러운지, 납작한지 뾰족한지도 확인해 보도록 해요.

굵기 테스트는 0.5㎜를 기준으로 하여 체크해 봐요. 필자는 '보통 선'은 0.5㎜를, '얇은 선'은 0.28㎜, '굵은 선'은 0.7㎜를 기준으로 하여 사용하곤 합니다. 종이 테스트는 종이에 잉크가 스며드는 정도를 보면 됩니다. 빠르게 스며드는지, 느리게 스며드는지, 펜이 종이에 닿았을 때 번짐 정도를 확인해 보면 돼요.

펜은 물에 번지는 수성펜과 물이 묻어도 번지지 않는 유성펜이 있어요. 번짐 효과를 사용하고 싶다면 수성펜을, 잘 지워지지 않는 펜을 사용하고 싶다면 유성펜을 고르면 됩니다. 사용하고 있는 펜이 수성펜인지, 유성펜인지 헷갈린다면 글씨를 쓰고 물을 한 방울 떨어뜨려 보도록 해요.

펜촉을 감싸고 있는 특유의 디자인도 무시하지 못해요. 손에 잡히는 부분이 두꺼운지 얇은지 확인하세요. 뚜껑이 붙어 있는지 떨어져 있는지, 뚜껑이 아예 없는 디자인도 있으니 꼼꼼하게 체크하도록 해요. 비주얼 씽킹을 할 때 사용하는 도구는 정말 중요해요. 막 펼쳐 보고 그리고 싶은 느낌이 들어야 하니까요. 자신의 취향에 딱 맞는 스케치북과 펜을 잘 선택해야 기분 좋게 그림을 그릴 수 있답니다.

시그노 색펜입니다.
선이 선명해서 글씨를 쓸 때
자주 사용해요.
필자는 0.28mm 굵기의 얇은 펜을
매우 좋아한답니다.

스테들러 색펜입니다.
선을 색으로 표현하고
싶을 때 사용해요.
참고로 수성이라 번지는 것에
주의해야 합니다.

색칠 삼총사는
색펜, 색연필, 아티스트펜

다양한 색깔펜을 사용해 그림을 그리거나 그림 위에 색을 칠하면 생동감이 생기고 '잘 그린 느낌'을 줄 수 있어요. 색을 칠할 수 있는 문구로는 대표적으로 색펜, 색연필, 아티스트펜이 있답니다. 색펜은 얇은 선으로 그림을 표현하고 싶을 때 유용해요. 처음부터 색펜으로 그림을 그리면 따로 색을 칠할 필요가 없답니다. 색연필은 비교적 넓은 면적을 칠할 때, 아티스트펜은 작은 공간을 칠할 때 사용하면 좋아요. 수채화 느낌을 살리고 싶다면 붓, 물, 팔레트를 준비해 연하게 색을 칠하면 됩니다. 준비물이 번거로울 수 있긴 하지만 수채화에서 느낄 수 있는 연하고 가벼운 색감이 특별한 그림을 만들어 줘요.

펜을 고를 때에는 종이에 선을 그어 발색 테스트를 해 본 다음 마음에 드는 다양한 색상의 펜을 2~4개 정도 구매해서 사용해요. 참고로 빨간색이라고 해도 연한 빨간색, 밝은 빨간색, 진한 빨간색 등 농도에 따라 표현되는 색의 느낌이 다르기 때문에 비슷한 색상의 펜을 여러 개 구매해서 사용해 보는 것도 좋답니다.

만년필 길들이기

만년필은 주인이 길들이는 정도에 따라 글씨의 굵기와 잉크가 나오는 촉의 방향이 변해요. 따라서 사용자만의 유니크한 느낌을 주고 싶을 때, 자신만의 개성을 부각시키고 싶을 땐 만년필을 사서 써 보는 것이 좋답니다.

필자 또한 만년필 특유의 서걱서걱한 필기감을 느끼고 싶거나 잉크의 명암을 표현하고 싶을 때 종종 만년필을 사용하곤 합니다. 만년필에 잉크를 넣는 고도의 집중력(?)이 필요한 작업도 만년필의 매력 중 한 가지랍니다. 참고로 쓰지 않은 상태로 만년필을 오래 방치하면 잉크가 굳어 나오지 않기 때문에, 잉크가 굳은 만년필은 물에 한동안 담가 두었다가 사용해야 한답니다.

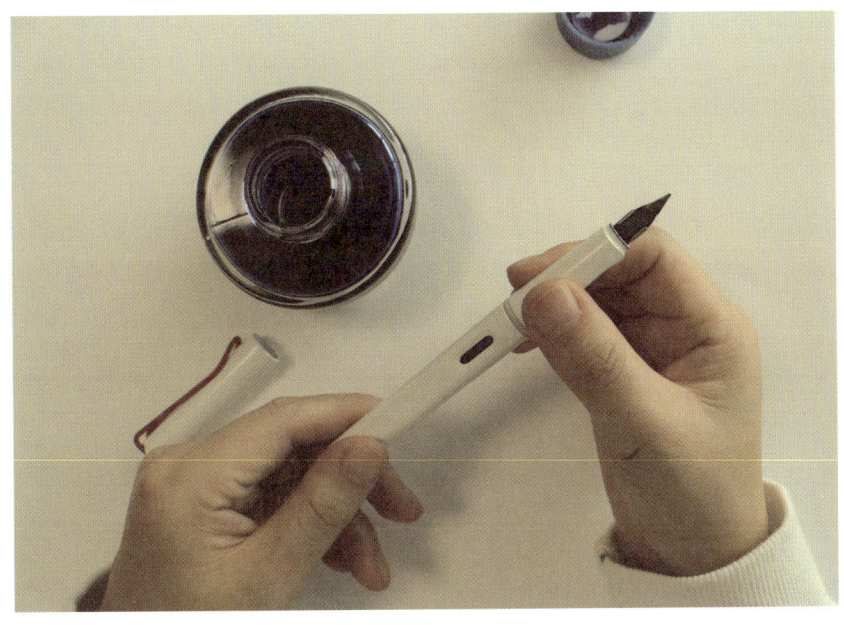

가방에 쏙 '문구'
테이크아웃 하기

'문구병'이라는 단어를 들어 본 적이 있나요? 다양한 문구 용품을 사서 모으고 사용해 봐야 직성이 풀리는 사람들을 일컫는 재미있는 단어입니다. 필자는 원래부터 문구류를 좋아하기도 했지만, 비주얼 씽킹을 시작하면서 볼펜과 만년필, 공책 등 문구 용품이 수십 종으로 늘어나게 되었어요.

이렇게 구매한 여러 문구 용품들은 그날 기분에 따라, 그림 느낌에 따라, 생각에 따라 다 달리 사용되지만 외출을 하거나 여행을 갈 때 몽땅 다 가지고 갈 수 없어 매번 아쉬웠답니다. 그래서 커피처럼 가볍고 항상 들고 다닐 수 있는 '문구 테이크아웃 패키지' 목록을 만들게 되었어요. 상황에 따라 조금씩 문구들이 달라지기도 하지만 그 와중에도 자주 들고 다니며 사용하는 고정 용품 몇 가지를 정리해 보았으니 독자 여러분들도 참고해서 나만의 문구 패키지를 만들어 보도록 해요.

테이크아웃 세트 - 그리기용

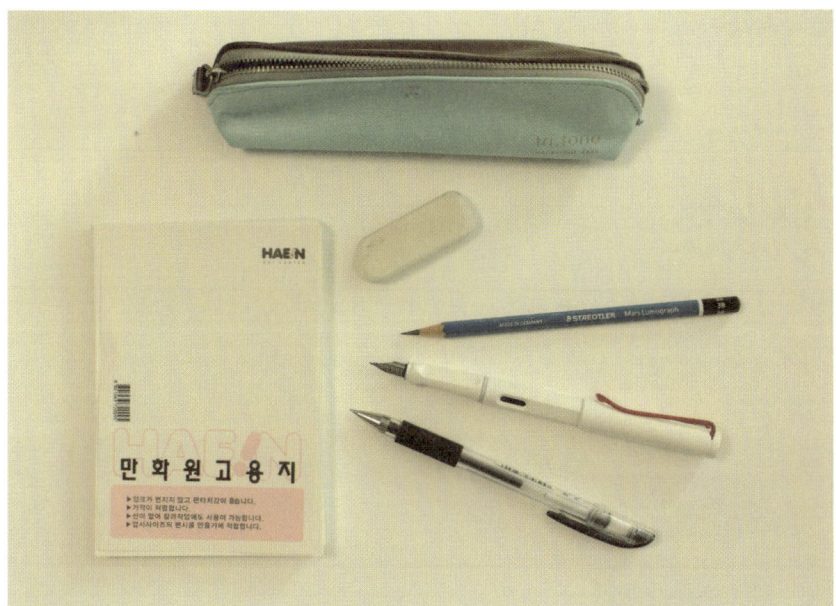

A6 만화원고용지 / 필통 / 지우개, 연필, 만년필, 검정색 볼펜

테이크아웃 세트 - 색칠용

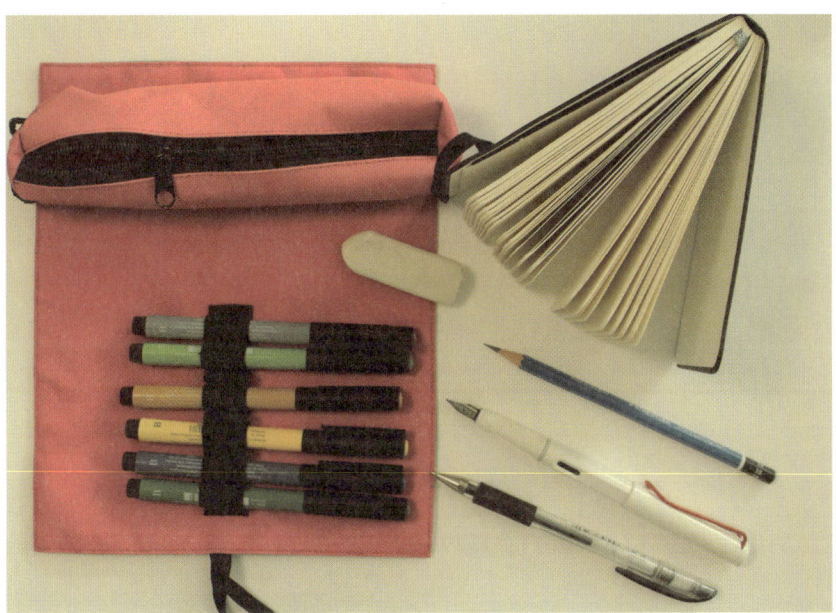

몰스킨 그림 노트 / 세트용 필통 / 마카 색칠 도구 / 지우개, 연필, 만년필, 검정색 볼펜

우리 직접 그려 봐요!

하나

가지고 다니는 종이와 펜을 꺼내서 앞에 있는 사물을 그려 봐요. 아래 사진을 보고 그려도 좋아요.

둘

그리기용 세트를 꺼내서 앞에 보이는 배경을 그려 봐요.
아래 사진을 보고 그려도 좋아요.

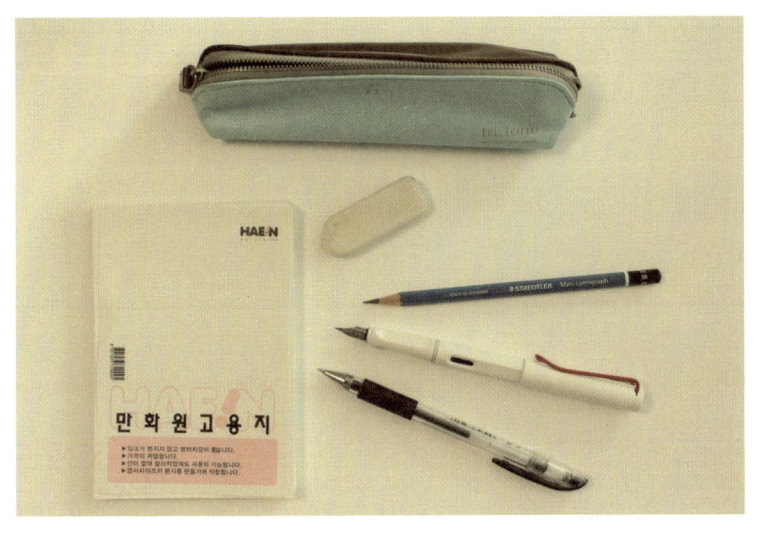

06 왕초보에서 초고수가 되는 비법

열혈 독자님이 씽킹 톡에 입장하셨습니다.

은주쌤 덕분에 생각을 그림으로 표현하면서
비주얼 씽킹의 재미를 깨닫게 되었어요!
이 기세를 몰아 지금보다 더! 더! 더!
비주얼 씽킹을 잘하고 싶은데 어떻게 해야 할까요?

흠, 그렇다면 먼저 지금까지 배운
비주얼 씽킹 기본 학습법을 잘 따라 했는지 검사해 보도록 할게요.
쓱싹쓱싹 쉽게 그리는 비주얼 언어를 마스터했나요?

네! 사람, 사물, 동물, 풍경 등
쌤이 책에서 소개한 내용은 모두 따라 그렸어요.

좋아요. 그럼 다음 단계로!
나만의 비주얼 단어장을 만들어 봤나요?

네, 연습 문제에 나온 내용을 그리면서 만들었어요.

하루15분, 30일 프로젝트는요?

네! 생각보다 매일 하는 게 어려웠지만
빼먹은 날은 다음 날 2개, 3개씩 보충하면서
잘 마쳤어요.

네, 아주아주 좋습니다!
종이와 펜도 다양하게 테스트해 보고
색연필도 샀나요?

넵! 12색 색연필을 구매했어요.

그렇다면 이제 정말 마지막 단계만 남았군요.
더 잘하고 싶은 분들을 위해서
저의 노하우가 담뿍 담긴 알짜배기 팁들을
알려 드리도록 하겠습니다!(짜잔)

은주쌤!!!
그런 팁을 아직까지 숨기고 계셨던 거예요? ㅋㅋㅋ
어서어서 알려 주세요!

자, 그럼 시작할게요! 잘 따라와야 해요. ^^

살아 있는 단어부터 시작하자

'사과'하면 무엇이 떠오르나요? 아마 지금 배가 출출한 독자님들은 먹는 사과가 떠오를 것이고 친구와 싸운 기억이 떠오르는 독자님들은 아마 미안함을 표하는 사과가 떠오를 거예요. 필자는 사과를 떠올리면 과일인 사과가 생각나는 동시에 빨갛고 동그란 모양, 그리고 한입 크게 베어 물었을 때 나는 '사각' 소리와 입안을 가득 채우는 달콤한 과즙이 함께 떠올라요. 사과라는 단어 하나에 다양한 감각들이 동시에 떠오르는 거죠. 이외수 작가는 [글쓰기의 공중부양]이란 책에서 이러한 단어를 '생어'라고 표현했어요. 생어는 오감을 자극시켜요. 시각, 청각, 후각, 미각, 촉각을 각성시키죠. 이러한 생어 중에서 특히, 시각적인 단어는 그림으로 표현하기 쉽기 때문에 비주얼 씽킹 초보자들은 생어를 그림으로 바꾸는 연습을 하는 것이 좋아요. 생어를 그리면서 연습하면 그림에 대한 자신감이 쑥쑥 자라고, 자라는 자신감만큼 그림 실력도 향상된답니다.

쉬운 대상부터 그리자

'열심히 해서 실력을 쑥쑥 키울 거야!'라는 마음가짐으로 어려운 그림부터 시작한다면 흥미를 느끼기 어렵고 금방 포기할 수 있어요. 그림이든 공부든 수준별 맞춤 교육이 이뤄질 때 흥미를 느낄 수 있답니다. 수영을 배운다고 생각해 봐요. 수영을 시작하자마자 가장 어려운 접영을 배우진 않잖아요. 자유형을 배우고 배영, 평영, 접영으로 올라가야 기초를 튼튼하게 쌓을 수 있고 위 단계로 올라가기 수월해요. 수학 또한 마찬가지예요. '1'도 모르는 어린아이에게 숫자가 아닌 곱셈부터 가르친다면 수학의 흥미를 느끼기는커녕 수학이라는 존재가 무시무시하게 느껴질지도 몰라요. 비주얼 씽킹도 마찬가지예요. 쉬운 그림부터 단계별로 연습해야 어려운 그림을 그릴 수 있어요. 그렇다면 어떤 것을 그리기 쉬운 대상이라고 하는 걸까요?

쉬운 그림은 사람마다 차이가 있지만 일반적으로 작은 사물이 제일 그리기 쉬워요. 사물보다는 사람을 그리는 게 더 어렵답니다. 따라서 주변에 보이는 머그컵, 휴지 등 작은 사물부터 그리는 연습을 시작해 보도록 해요.

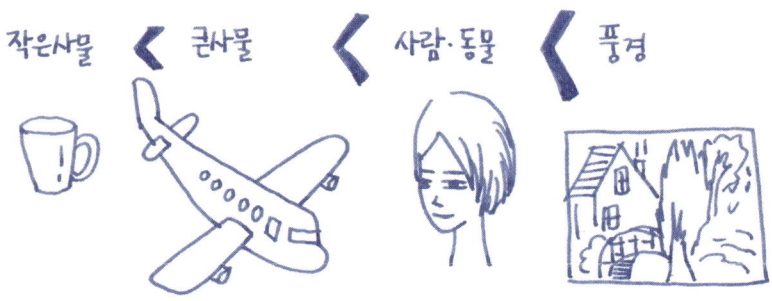

음악과 함께 시작하자

음악은 분위기를 더욱 북돋아 주거나 반전시키고, 때론 기분을 말랑말랑하게 해 주는 부드러운 윤활제 같은 힘을 가지고 있어 그림을 그릴 때 많은 영향을 끼친답니다. 신나는 음악을 들으면 기분도 같이 들떠 활기차고 생동감 넘치는 그림이 그려지고, 부드러운 발라드나 클래식을 들으면 감성적인 그림이 그려지기도 해요. 따라서 그림을 그릴 때에는 종이와 펜만 준비하지 말고 음악을 함께 준비해 보도록 해요.

그날의 기분이나 날씨에 맞춰 음악을 고르거나 그림 주제에 맞는 음악을 선곡해 보는 것도 좋아요. 여행을 주제로 그림을 그린다면 여행이라는 주제와 잘 어울리는 음악을 선곡하는 것처럼 말이죠. 집중해서 그려야 하는 주제라면 집중력을 도와주는 클래식이 좋답니다. 숲 속에 있는 듯한 자연의 소리, 비 오는 날의 빗소리 등 백색소음 또한 음악과 같은 역할을 해요. 필자는 일과 관련된 비주얼 단어장을 만들 때에는 쇼팽의 피아노 곡을 들으면서 작업을 하기도 하고, 고도의 집중력이 필요할 때에는 빗소리를 유튜브에서 검색하여 듣기도 합니다. 가요나 팝송은 3분에서 5분 정도 연주되기 때문에 3곡에서 5곡을 들으면서 하루 15분, 30일 프로젝트를 한다면 시간에 맞춰 재미있게 할 수 있겠죠?

텅 빈 종이에서 시작하자

준비물은 최소화하여 바로 시작할 수 있도록 준비하는 것이 좋아요. 가장 기본적인 준비물은 당연히 노트와 볼펜이겠죠? 만약 뭔가 생각이 나서 그리고 싶은데 노트가 없다면 주변에 있는 빈 종이를 사용해도 좋아요. 냅킨이나 이면지도 좋은 노트가 된답니다.

반대로 텅 빈 종이를 보면 비주얼 씽킹을 생각해 봐요. 떠오르는 것만을 그리려 하지 말고 생각을 뒤집어 텅 빈 종이만 보면 떠오르게 만드는 거죠. '저걸 다 언제 채우지…'라며 아무것도 없는 하얀 빈 종이를 두려워 말아요. 빈 종이를 꽉 채우지 않아도 돼요. 갑자기 떠오르는 생각이나 주변 사물을 그려도 된답니다.

막막하면
동그라미를 그리자

빈 종이에 뭘 채워야 할지 도통 떠오르지 않는다면 동그라미를 그려 봐요. 동그라미를 붙들고 뚫어져라 바라보면 다양한 생각들이 떠오른답니다. 동그라미 하나는 태양이 되거나 고양이가 될 수 있어요. 동그라미를 두 개 붙이면 안경이 되고, 동그라미를 세 개 붙이면 친구들 얼굴이 떠오를 수 있어요. 동그라미가 네 개면 애벌레가 떠오를 수 있고, 동그라미가 다섯 개면 오륜기가 될 수 있어요. 동그라미는 다양한 물건부터 추상적인 기호까지 머릿속에 저장되어 있는 다양한 생각들을 끄집어내는 단서가 돼요. 생각이란 건 무궁무진하고 사람마다 떠오르는 생각이 다르기 때문에 상상력이 동원된 다양한 그림들이 나올 수 있답니다.

동그라미 안을 그림이 아닌 글로 채워도 좋아요. 눈앞에 보이는 사물들을 적어도 좋고 카페에 앉아 있다면 마시는 커피의 맛, 오늘 해야 할 일 등 다양한 생각을 적어도 좋답니다.

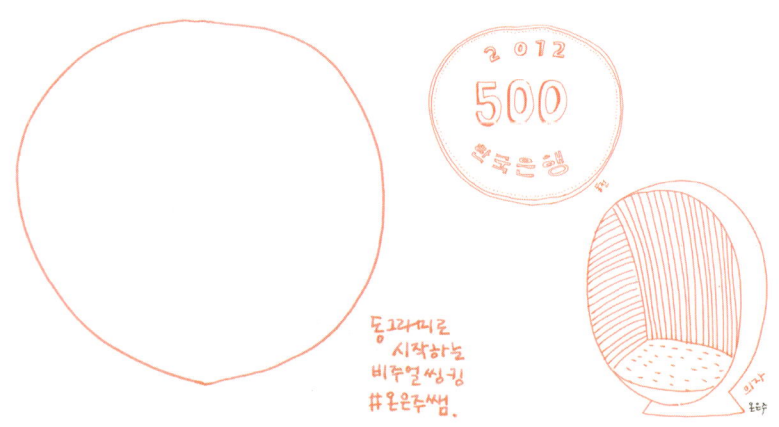

원근법, 입체, 크기를 무시하자

미술 시간에 배웠던 원근법, 명암, 입체를 무시하고 그림을 그려 봐요. 원근법이 맞지 않는 아주 크거나 아주 작은 달팽이를 그려도 우리의 뇌는 달팽이를 알아볼 수 있어요. 달팽이와 신발을 같은 크기로 그린다고 해서 달팽이가 신발만큼 크거나 신발이 달팽이만큼 작다고 여기지 않죠. 그림을 잘 그리기 위한 미술 기법을 배우지 않아도 이처럼 우리는 얼마든지 그림을 그리고 표현할 수 있답니다.

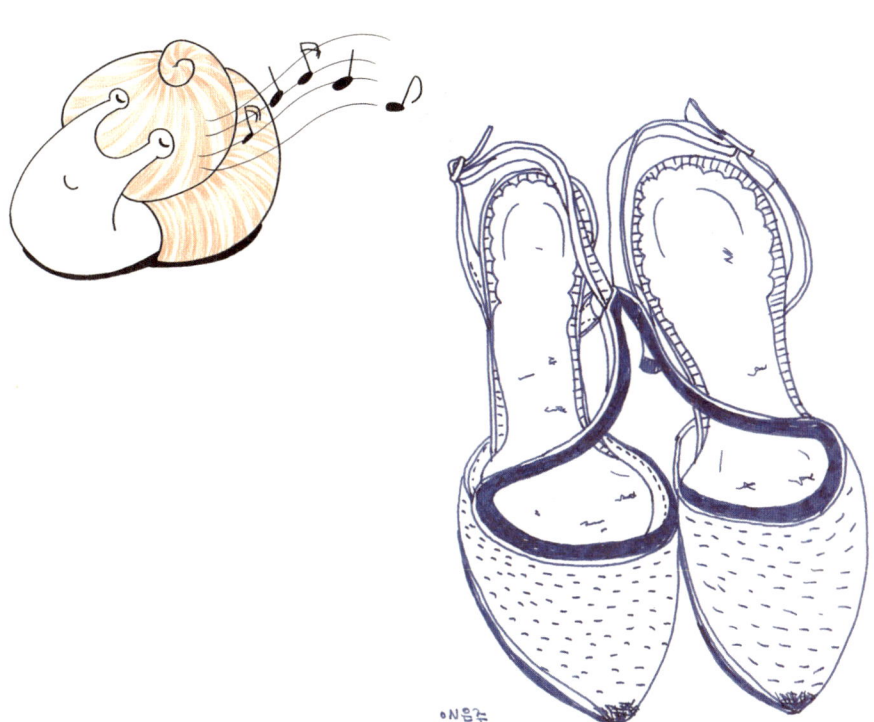

날짜와 이름을 새기자

'이건 내 거야! 내가 그린 그림이야'라는 의미로 그림 위에 나의 이름을 적거나 사인을 해요. 이름을 영문으로 쓰거나 한글로 또박또박 써도 좋고, 작가들처럼 멋들어진 사인을 해도 좋답니다. 아티스트처럼 내 그림에 영역 표시를 하는 행동은 별로라고 느껴지는 내 그림을 가치 있는 작품으로 느끼게 해 줘요. 잘 그린 그림이 아니더라도, 대충 아무 펜이나 사용해 그린 그림이라고 해도 유명 아티스트가 그린 그림처럼 느끼게 해 주는 힘을 준답니다. 사인 옆에는 그린 날짜를 함께 적어요. 날짜별로 그림을 모아 보면 내 그림 실력이 얼마나 발전했는지 한눈에 볼 수 있답니다.

그림을 버리지 말고 모으자

지저분한 낙서와 하찮은 스케치라도 버리지 말고 모아 두세요. 보통 완성작이 아닌 습작은 소홀히 다루기 때문에 재활용 종이에 섞여 없어지거나 바닥에 뒹굴다가 사라져요. 막 그린 그림이라고 해도 나의 머릿속 '생각'을 기록해 둔 '보관함'이기 때문에 한곳에 모아서 간직하도록 해요. 생각을 그려 놓은 스케치들은 언젠가 꼭 도움이 된답니다.

스케치 해놓은 생각들을 보관하기 어렵다면 낱장에 그림을 그리지 말고 묶음 노트를 사용해요. 노트 표지에는 '비주얼 씽킹 1호 노트'라고 적어서 소중하게 보관하도록 하세요. 필자는 필자의 이름을 넣어 '은주 노트'라고 적어 두었어요. 이 작은 생각 보관함 노트는 현재는 별 볼 일 없어 보여도 생각을 정리하고 미래를 변화시키는 큰 힘을 준답니다.

'그리면서 생각하는' 공간을 만들자

책상은 일하는 공간, 식탁은 밥 먹는 공간, 소파는 TV 보는 공간인 것처럼 공간마다 그에 맞는 행동을 하듯이 비주얼 씽킹도 '비주얼 씽킹만의 공간'을 만들어요. 그 공간에 들어갈 때마다 비주얼 씽킹이 떠오르도록 말이에요. 거실 한 켠에 작은 책상을 놓고 연필, 볼펜, 색연필, 스케치북을 구비해 놓거나 서재 책장 한 칸을 '비주얼 씽킹 구역'이라고 써 붙이고 비주얼 씽킹 책과 문구, 스케치북을 꽂아 둬요. 비주얼 씽킹 상자를 만들어서 눈에 띄는 곳에 두어도 좋아요.

필자는 방 하나를 완전히 '비주얼 씽킹 작업실'로 만들었어요. 6인용 큰 책상을 사서 그 위에 스케치북, 색연필, 물감을 올려 놓고 그림 노트들을 눈에 띄게 펼쳐 두어 이 공간에 들어오면 자연스럽게 그림을 그리고 생각을 글로 정리할 수 있도록 했답니다.

진짜 아티스트처럼 행동하자

내가 그린 그림을 액자에 넣어 전시하거나 SNS에 공유하고, 다른 사람들과 생각을 나누면서 진짜 '아티스트'가 된 것처럼 행동해 봐요.

필자는 '아이디어는 손에서 나온다'라는 손 그림과 스틱맨, 별사람 그림을 액자로 만들었어요. 비주얼 씽킹 정의를 설명하기 위해 그린 그림도 액자에 함께 넣었답니다.

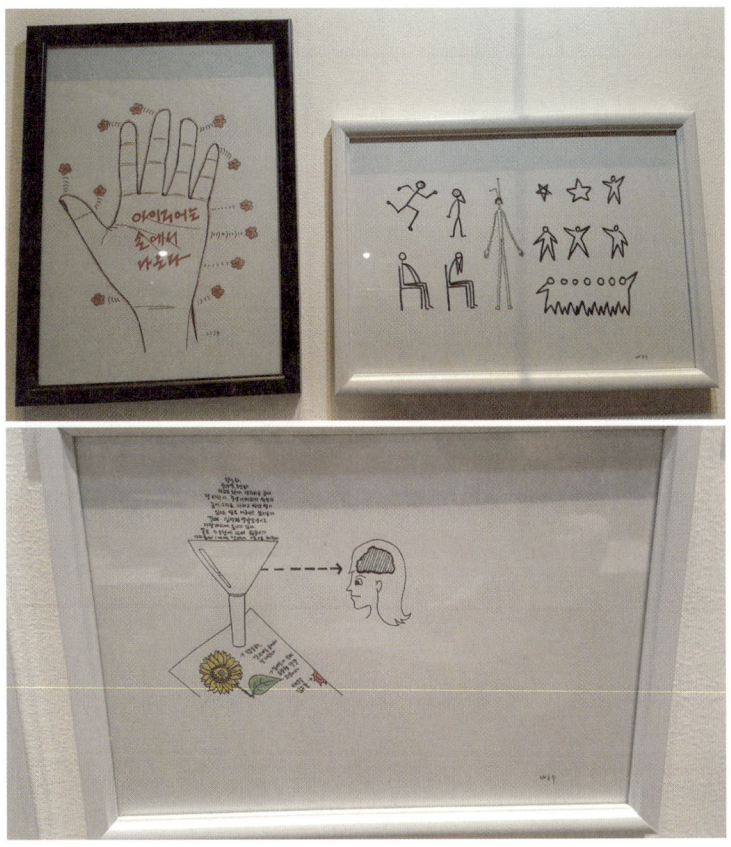

필자는 올해 7월, 코엑스에서 진행된 '서울 일러스트레이션페어'에서 전시회를 열었어요. 전시를 하기 전에는 '과연 내 그림을 사람들이 좋아할지, 너무 평범하거나 단순하다고 생각하면 어쩌지'라는 생각에 걱정이 많았어요. 그런데 생각보다 많은 분들이 자리에 와 주셨고 제가 그린 그림에 관심을 갖는 모습에 놀라움과 뿌듯함을 느꼈답니다.

비주얼 씽킹의 힘! 생각을 그림으로 정리하고, 정리한 그림들이 나의 미래를 변화시킨 힘을 다시 한 번 느낄 수 있었던 자리였습니다. 만약 필자가 그때 좋아하는 일을 하지 않고 하던 일을 계속했다면, 이러한 기회가 있었을까요?^^ 나비효과처럼 말이죠, 아무리 작은 행동의 변화라도 나를 변화시키는 큰 출발점이 될 수 있다는 거! 잊지 말길 바랍니다.

우리 직접 그려 봐요!

하나
아래와 같이 두 가지 의미를 가진 단어를 쓰고 그림으로 그려 봐요.

둘

동그라미를 그리고 떠오르는 것을 그려 봐요.

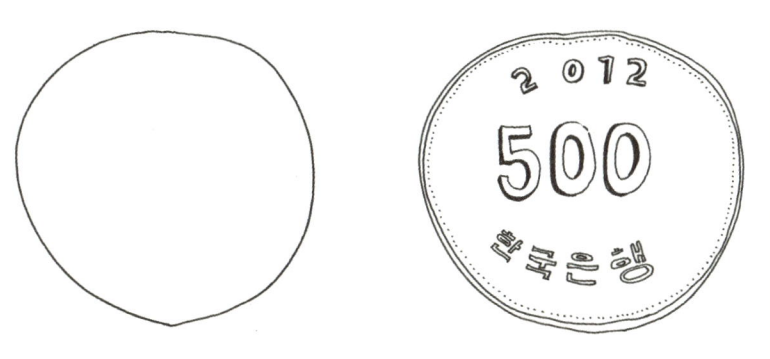

여기까지 왔다면 기본기를 마스터한 셈!

이 정도로 기본기가 되나요?

수업으로 환산하면 3시간을 집중한 셈.
180분 동안 수업을 받은 것과 같아요.
30일 프로젝트로 환산하면 12일 프로젝트를 마감한 셈!

정말요?

네. 180분을 15분으로 나누니까
12일이네요.

우와!
앞으론 어떻게 해야 하나요?

이제부터 실전 투입입니다!

야호!
쌤! 계속 도와주실 거죠?

그럼요. ^^
이제 본격적으로 시작해 볼까요?

2부
생각을 그리면 행동이 된다

01 계획을 그리면
계획이 이뤄진다

열혈 독자님이 씽킹 톡에 입장하셨습니다.

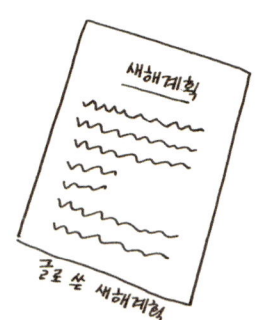

은주쌤! 새해 계획을 잘 세우는
뾰족한 방법이 어디 없을까요?

계획을 세우려는 목적이 무엇인가요?

하고 싶은 게 많아요. 우선순위도 정하고 싶고요.

그렇다면 새해 계획을 한번
'그려' 보도록 할까요?

쓰는 게 아니고 그린다고요?

네! 새해 계획을 모두 그림으로 그려요.
그린 계획은 눈에 띄는 곳에 붙일 거예요.
모든 계획을 한눈에 보면 우선순위를 찾기 쉽답니다.

계획을 그림으로 그리면 쓰는 것보다
재미있고 눈에 확 들어와서
성취율이 높을 거 같아요!

네, 무작정 글로 쓰는 것보다 더 동기부여가 되고
무엇보다 짠 계획을 매일 볼 수 있어서
잊지 않고 지속적으로 실천할 수 있답니다.

역시, 쌤한테 물어보길 잘한 거 같아요. *^^*
쓴 계획을 어떻게 그림으로 그리는지
어서 빨리 알려 주세요!

그럼 바로 시작할게요. ^^

새해 계획부터
다이어트 계획까지

필자는 어린아이들부터 직장인까지 다양한 연령대의 사람들을 위한 비주얼 씽킹 강의를 하고 있어요. 연령대가 다양한 만큼 한 가지 주제를 던져도 다양한 답변이 나옵니다. 지난 수업에서는 '계획' 하면 생각나는 목록들을 적어 보는 시간을 가졌는데요. 20대 수강생들이 생각하는 계획 목록은 대부분 '다이어트', '여행', '시험 공부', '데이트'가 주를 이뤘어요.

20대에게 계획이란

다이어트	요리	이사	쇼핑	하루
여행	M·T	적금	투자	복습
시험공부	인생	주간	건강	유학
결혼	육아	휴가	주말	미용·이발
데이트	청소	신제품	노후	음주

30대 수강생들은 '업무', '커리어 관리', '창업' 등 직업과 일에 관련된 단어들이 많이 나왔어요. 이처럼 나이에 따라 이루고 싶은 것, 하고 싶은 것에 차이가 나요.

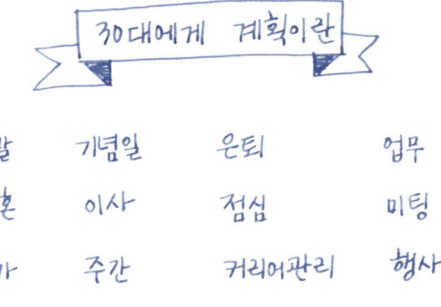

주말	기념일	은퇴	업무
결혼	이사	점심	미팅
휴가	주간	커리어관리	행사
여름휴가	사업	이직	경력
미래	창업	여행	건강

이 책을 보는 독자분들은 어떠한 계획을 갖고 있나요? 연령, 성별, 가치관 등에 따라 사람마다 중요하게 생각하는 계획은 달라요. 하지만 '그 계획을 성공하고 말겠다!', '목표를 이루고 말겠다!'라는 목적은 모두 동일합니다. 계획은 우리가 바라고 원하는 것을 이루는 맨 첫 번째 단계이기 때문에 시작 단계를 어떻게 짜는지에 따라서 그 계획을 성공적으로 마무리할 수 있을지, 이룰 수 있을지가 결정돼요. 그렇기 때문에 '계획을 짜는 것'은 무지무지 중요하답니다. 계획은 거창하게 1년에 한 번, 혹은 생각날 때 짜는 게 아니에요. 하루에 한 번씩 계획을 짜고 계획을 실행했는지 체크해야 해요. 하루 계획이 잘 짜여지면 일주일이 알차고, 일주일이 알차면 한 달이 충실해지고, 이 한 달 한 달이 모여 1년이란 시간에 많은 변화가 이뤄지기 때문이에요. 네…? 너무 이론으로만 설명해서 어렵다고요? 그렇다면 이제 적은 계획들을 성공적으로 이루기 위한 방법을 배우러 가 볼까요?

모든 계획을
한눈에 쏙!

'운동 시작하기', '1년에 한 번 이상 여행 떠나기', '새로운 취미 생활 시작하기' 등 조금 더 발전된 모습을 위해, 지루한 일상을 벗어나거나 가슴속에 묵혀 두었던 꿈을 실현시키기 위해 다이어리나 수첩을 펴고 번호를 붙여 가며 계획을 정리하는 분들이 많을 거예요(꼭 다 달성하고 말 거라는 다짐을 안고^^). 그러나 한두 달 뒤, 적어 놓았던 계획은커녕 다이어리도 잘 안 펴 보는 상황과 마주하게 되죠. 이게 누구의 이야기냐고요? 흠, 아마도…?

계획을 세울 때에는 무작정 '적는' 것만으로는 부족해요. 달성한 목표 위에 줄을 그어 표시하는 것만으로는 계획의 지속력이나 성취감이 부족할 수 있어요. 그렇다면, 계획을 꾸준히 실천하고 달성률을 높이는 방법은 무엇이 있을까요?

모두 눈치채셨죠? 네! 바로 계획을 '그림'으로 그리는 거예요. 계획을 그림으로 그리면 글로 적는 것보다 더 동기부여가 되고, 전체 내용을 한눈에 볼 수 있도록 정리할 수 있답니다. 전체를 한눈에 보면서 중요한 것과 급한 것들을 쉽게 비교할 수 있어요. 또한 그린 계획을 눈에 띄는 곳에 붙여 두고 자주 보면 계획을 계속 상기시킬 수 있답니다. 이렇게 하면 계획의 성공률이 크게 높아져요.

예를 들어, '스페인 여행'이라고 글로 쓴 계획보다 '지중해 해변의 햇볕'을 그린 그림 한 장이 머리에 더 강한 인상을 남겨요. '다이어트로 5Kg 감량하기'라는 글로 쓴 계획보다 '날씬해진 나의 모습'을 상상해 그림으로 그리면 더 동기부여가 되겠죠?

나만의 중요한 계획
그림으로 그리기

여행 계획, 시험공부 계획, 데이트 일정 계획, 청소 계획, 다이어트 계획 등 나만의 중요한 계획을 그림으로 표현해 봐요.

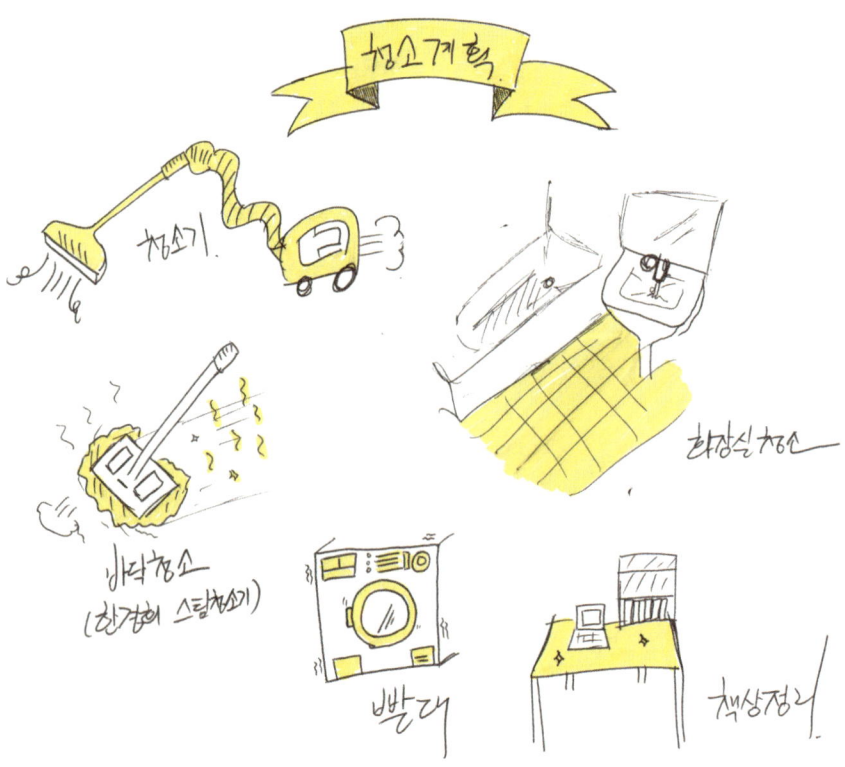

청소 계획을 그려요. 어디부터 청소하는 게 좋을지 그림을 보면서 생각해 봐요.

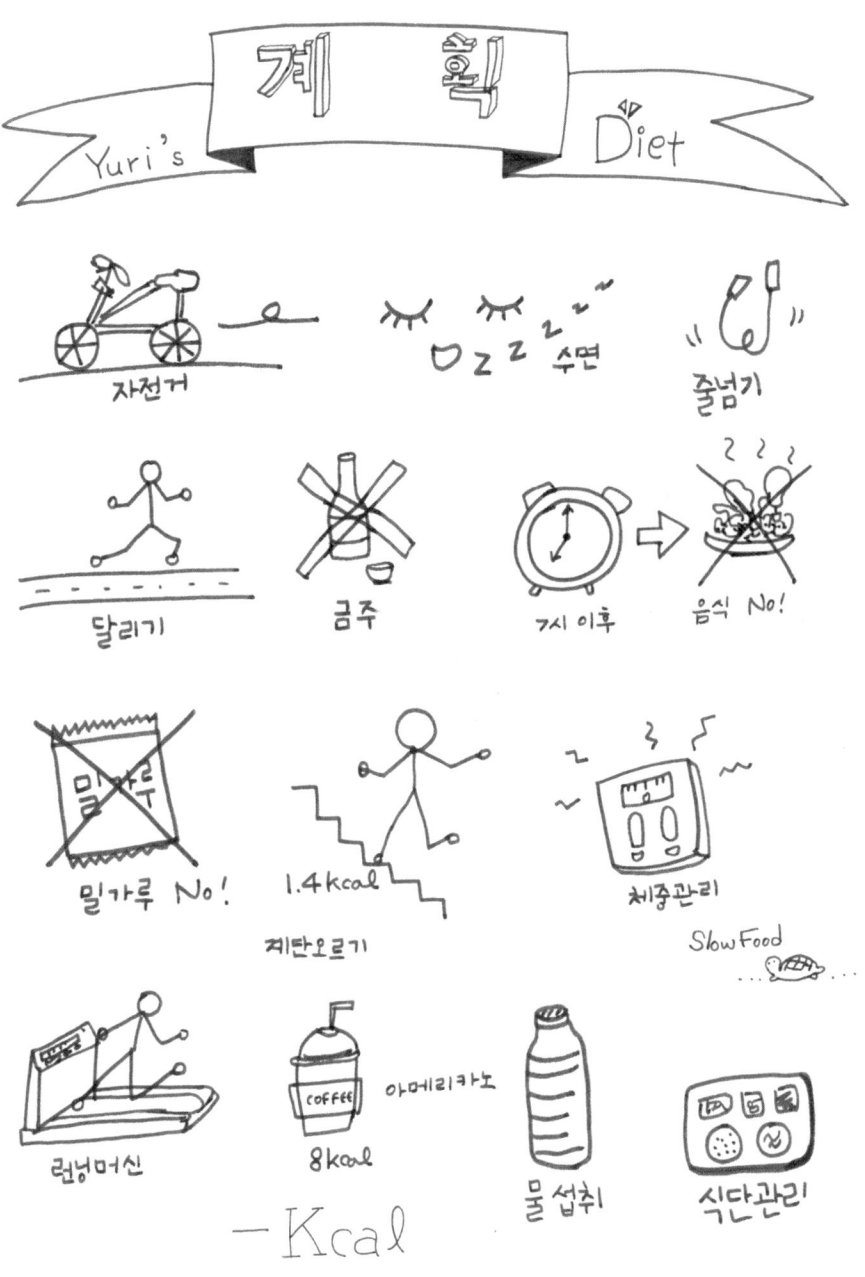

다이어트 계획을 그려요. 당신의 다이어트 계획은 어떤 식단과 운동으로 짜여 있나요?

주말 계획의 한 장면을 그려 봐요.
생일 파티를 하고 있는 그림에서 행복함이 느껴지죠?

적금 계획을 그려 봐요.
작은 실천들이 행복한 미래를 가져오네요.

여행에 필요한 준비물을 그림으로 그리며 빠진 게 없는지 확인하면서 계획을 짜요.

우리 직접 그려 봐요!

하나
새해 계획을 쓰고 그림으로 그려 봐요.

둘
인생 계획을 쓰고 그림으로 그려 봐요.
(예: 죽기 전에 하고 싶은 일 등)

셋.

시간 계획을 쓰고 그림으로 그려 봐요.

(예: 하루, 일주일, 주말, 연간 등)

넷.

중요하게 생각하는 계획을 쓰고 그림으로 그려 봐요.

(예: 여행, 다이어트, 결혼 등)

02 감정을 그리면 감정이 힐링된다

열혈 독자님이 씽킹 톡에 입장하셨습니다.

은주쌤! 제가 어제 어딜 갔다 왔는지 알아맞혀 보세요!

　　어딜 다녀왔는데 이렇게 기분이 좋나요? ㅆㅆ

서울시 시민청에서 진행한 전시회에 다녀왔어요!
전시회 구경도 하고 힘들었던 일을 얼굴 표정으로 표현해서
건조대에 빨래처럼 널기도 했어요.

　　오, 재미있는 전시회에 다녀왔네요!

네! 이상하게 들리시겠지만
감정을 얼굴 표정으로 그리고, 그린 그림을 오려서
건조대에 널었을 뿐인데 기분이 엄청 좋아지더라고요.

　　아, 감정세탁소라는 전시회에 다녀왔군요!

네! 맞아요.

왜 전시회 이름이 감정세탁소인지 아세요?

네! 처음에는 잘 몰랐는데요.
직접 그려 보면서 알게 되었어요.
힘들었던 일을 표정으로 그리면서 피곤한 표정, 지치고 지친 표정 등
나에게 다양한 표정들이 있다는 걸 알게 되었고
이러한 감정을 그려내니까 홀가분해지고 기분이 좋아지더라고요!
감정을 세탁하는 기분이 이런 기분이 아닐까 라는 생각이 들었어요. ^^

아주 잘 깨닫고 왔군요! 맞아요.
감정을 그리면서 그 상황을 다시 되짚어 보고
훌훌 털어 버리니 감정이 세탁되고
감정이 세탁되니 기분이 좋아진 거예요!
이번 한 번으로 그치지 말고 앞으로도 계속
자신의 감정을 그림으로 표현해 보도록 해요.

네, 기분이 좋아지는 감정 그리기!
또 해 볼게요. ^^

감정을
표정으로 그려 봐

기쁠 때는 입꼬리가 위로, 입을 크게 벌리고 하하 웃기도 하고 슬플 때는 얼굴이 굳어지고 눈가에 눈물이 흐르기도 하죠. 화가 날 때에는 나도 모르게 미간이 찡그려지고, 놀라는 일이 있을 때에는 눈이 커지고 입이 쩌-억 벌어집니다. 이처럼 감정은 얼굴에서 가장 잘 드러나기 때문에 '감정' 단어들을 사용해 얼굴 표정을 나타내면 명확하게 알 수 있답니다.

'인사이드 아웃'은 '기쁨, 슬픔, 버럭, 까칠, 소심'이라는 5가지 감정을 소재로 하여 우연히 '기쁨'과 '슬픔' 감정이 감정 본부를 이탈하게 되면서 그에 따라 변하는 주인공의 마음을 재미있게 표현한 애니메이션입니다. 이처럼 감정은 우리 마음속의 변화, 현재의 기분을 결정하는 중대한 부분이에요. 나의 현재 상태를 아는 것, 즉 나의 현재 감정을 아는 것은 나의 하루하루, 더 나아가 삶의 행복을 결정하는데 아주 중요하답니다.

나만의 감정 다이어리 만들기

하루를 대표하는 감정을 정하고 그 표정을 그려서 기록해 놓으면 나만의 '감정 다이어리'를 만들 수 있어요. 감정이라는 것은 추상적인 느낌과 감성이 혼합되어 있어서 가끔 말로 표현하기 어렵거나 글로 적었을 때 그 감정이 명확하게 전달되기 어렵기도 합니다. 그래서 이러한 감정들을 표정으로 표현하여 다이어리에 기록하면 감정을 명확하게 담을 수 있고 표정을 보면서 그때의 감정을 되짚어 볼 수 있답니다.

감정 다이어리를 만드는 방법은 간단합니다. 이미 다이어리를 쓰고 있는 사람은 다이어리 빈 공간을 사용하면 되고, 다이어리가 없다면 한 달짜리 캘린더 샘플을 인터넷으로 찾아 프린트해서 사용하면 돼요. 출근하는 월요일은 울상 짓는 표정, 금요일은 주말을 기다리는 행복한 표정 등 날마다 느끼는 다양한 감정을 매일매일 다이어리에 그려 보도록 해요.

필자는 다이어리에 매일매일 하루를 대표하는 감정을 그리고 3개월 치를 한꺼번에 펼쳐 보곤 해요. 매주 같은 일정이 반복되다 보니 일주일 단위로 비슷한 표정이 그려져 있곤 합니다. 근데 이상하게도 매달 마지막 주 금요일은 주말을 기다리는 마음에 기분이 좋을 거라는 생각과는 달리 얼굴이 붉으락푸르락 화가 난 표정이 그려져 있는 거예요. 왜 그런지 다이어리를 살펴보니 월별매출마감을 하고 윗사람에게 보고를 준비하는 날이라 일이 많고 긴장을 해서 화가 난 표정을 그렸던 거예요. '매월 마지막 주 금요일은 매출마감 준비로 힘들다'라는 감정을 알게 된 후 그날은 일부러 기분 좋게 하루를 시작하기로 했어요. 어차피 해야 할 일이니 빠르게 처리하고 퇴근하는 데 집중하자고 생각하니 금요일마다 받았던 스트레스가 줄어들고 일에 조금 더 집중할 수 있게 되었어요. 감정을 그리면서 훌훌 털어 버리니 감정이 세탁되고, 감정이 세탁되니 일을 더 효율적으로 할 수 있었답니다.

만약 감정 단어가 잘 떠오르지 않는다면 다음 이미지에 나와 있는 감정 언어 목록에서 찾아보도록 해요. 감정을 표현할 수 있는 단어가 이렇게나 많답니다.^^

걱정되는 염려되는 우울한
멍한 조마조마한 서러운 몽클한 통쾌한 포근한 든든한 아늑한
떨리는 괴로운 노곤한 무기력한 치곤한 후련한 고요한
섬뜩한 검나는 서운한 상쾌한 평온한 두근거리는 함께찬
답답한 근심있는 즐거운 정겨운 들뜬
귀찮은 외로운 섭섭한 사랑하는 평안한 눈물한 끌리는 편안한 신난
놀란 뒤숭숭한 심심한 행복한 감동받은 뿌듯한 기뻐운
망한 어색한 산뜻한 담담한 당당한
분한 불안한 피곤한 생기있는 고마운 여유로운 만족한 친밀한
부끄러운 고독한
긴장한 개운한 감사한
괴로운 오싹한 야속한 담대한 짜릿한 인겸한
짜증나는 무서운 벅찬 유쾌한 훈훈한 흘가분한
불편한 주눅든 암담한

감정언어

감정을 장면으로 그려 봐

감정 다이어리를 만들 때 얼굴 표정과 함께 그 감정이 생겨나게 된 장면을 떠올리며 그려요. 예를 들어, '개운한'이라는 감정을 생각하면 목욕을 한 후 목욕 가운을 입은 모습을 그리거나 늦잠을 자고 일어나서 기지개를 켜는 모습을 그리는 것처럼요. '부러움'이라는 감정은 어떠한 상황이 떠오를까요? 누군가가 내가 하지 못한 일을 했을 때 손뼉을 치는 모습이나, 행복한 커플들을 봤을 때 부러워하는 모습을 그릴 수 있겠죠?

갓난아이를 안고 어린 딸을 옆구리에 낀 아버지, 이 아버지의 표정과 행동에서 어떤 감정이 느껴지나요?

우리 직접 그려 봐요!

하나
'재미있는', '행복한' 등 감정 단어를 쓰고 그림으로 그려 봐요.

둘
하루를 대표하는 감정 단어를 하나 고르고
그림으로 그려 봐요.

셋.
기분이 나빴던 상황에 내가 지었던 표정들을 그려 봐요(2개 이상).

넷.
오늘 처음 본 사람을 만난 후 느낀 감정을
쓰고 그림으로 그려 봐요.

03 행동을 그리면 기억하기 쉽다

필자는 처음 만나는 사람들과 조금만 친해져도 물어보는 질문이 있어요. 비주얼 씽킹을 간단히 설명해 주고 혹시 일상에서 하는 비주얼 씽킹이 있는지 물어본답니다. 일종의 직업병이죠.^^ 일전에 요가 강사로 활약하고 있는 함은지 작가를 만났을 때도 어김없이 이 질문을 했답니다. 함은지 작가는 한참 제 설명을 듣더니 이렇게 말했어요.

은주쌤! 이야기를 들어 보니까
제가 하는 게 비주얼 씽킹인 거 같아요.

어떤 거요?

제가 요가 동작을 그림으로 그리거든요.

우와! 멋진데요.
요가 동작을 어떻게 그리고 있나요?
어렵지는 않나요?

쌤이 알려 준 스틱맨을 사용해 팔과 다리 관절을 표현하면서 그려요.
스틱맨으로 간단하게 표현하는 거라 하나도 어렵지 않았어요!

완성된 그림을 보면 어떤 생각이 드나요?
어떻게 도움이 됐나요?

요가 수업 내용을 한눈에 알 수 있어서 좋고
동작을 놓쳤을 때 다시 상기시킬 수 있어서 정말 유용했어요!

비주얼 씽킹을 정말 잘 활용하고 계시는군요!
다른 운동을 할 때에도 이와 같이 표현해 보세요.
아주아주 효율적일 겁니다.^^

네.*^^*

행동을 그림으로
그려 본 적 있어?

여러분! 행동을 그림으로 그려 본 적이 있나요? 아침에 일어나서 기지개를 펴는 행동, 밥을 먹는 행동, 저 멀리서 친구를 만날 때 손을 흔드는 행동, 심지어 잠을 자면서도 우리는 뒤척뒤척 움직이기도 해요. 행동은 우리가 24시간 행하는 행위라고 해도 무관할 정도예요. 행동은 우리가 운동을 할 때 더욱 격렬해져요. 수영, 배드민턴, 축구, 유도, 요가 등 다양한 동작들을 할 때면 몸은 쉴 새 없이 움직이죠. 만약, 이러한 동작들을 그림으로 그린다면 어떤 효과가 있을까요?

필자의 수강생 중에는 체육 선생님이 한 분 계십니다. 체육 선생님은 어떻게 하면 아이들에게 철봉을 효과적으로 가르칠까 고민하다가 비주얼 씽킹을 사용했다고 해요. 비주얼 씽킹과 철봉? 어울리지 않는 두 개의 활동을 어떻게 연관지었는지 어디 한번 살펴볼까요?

먼저, 아이들에게 철봉을 가르치기 위해 칠판에 철봉을 하는 스틱맨을 그리며 설명했다고 해요. 그림을 그리면서 철봉을 어떻게 하는지 알려 주고 직접 철봉 시범을 보인 후 아이들이 차례대로 돌아가며 철봉에 한 번씩 매달릴 수 있도록 해요. 이후 지금까지 한 동작들을 그림으로 그려 보는 시간을 가집니다. 아이들은 기억을 되짚으면서 철봉을 하는 자신을 스틱맨으로 표현해요. 이러한 작업은 철봉 동작을 좀 더 섬세하게 알 수 있도록 하여 자신의 잘못된 동작을 깨달을 수 있게 합니다. 동작을 하나하나 생각하면서 그리기 때문에 기억에도 오래 남는답니다.

다른 운동도 마찬가지예요. 다양한 운동 동작을 스틱맨으로 표현하면 잘못된 동작을 교정할 수 있고 오래 기억할 수 있답니다.

다양한 행동은
스틱맨으로 그려 봐

행동을 단순화하려면 앞서 배운 스틱맨과 별사람을 활용하면 됩니다. 팔다리 관절이 자연스럽게 움직이도록 아래 그림과 같이 구부리면서 그리면 돼요.

일상에서 만난 행동 표현들

일상에서도 다양한 행동 표현들을 볼 수 있어요. 다음의 이미지를 한번 살펴볼까요? 아래의 경고 스티커는 엘리베이터 앞에서 흔히 볼 수 있는 표시예요. 만약 이 이미지 스티커 대신 '손대지 마세요', '기대면 추락합니다'라는 글만 적혀 있었다면 어땠을까요? 가구를 조립하는 방법이 담긴 이케아 설명서에 그림 대신 글만 적혀 있었다면요? 행동에는 '역동성'이 담겨 있어요. 따라서 '(어떠한) 행동'을 설명할 때는 아래와 같이 그림으로 나타내야 시각적 효과를 극대화할 수 있고, 한눈에 들어와 눈에 더 잘 띈답니다.

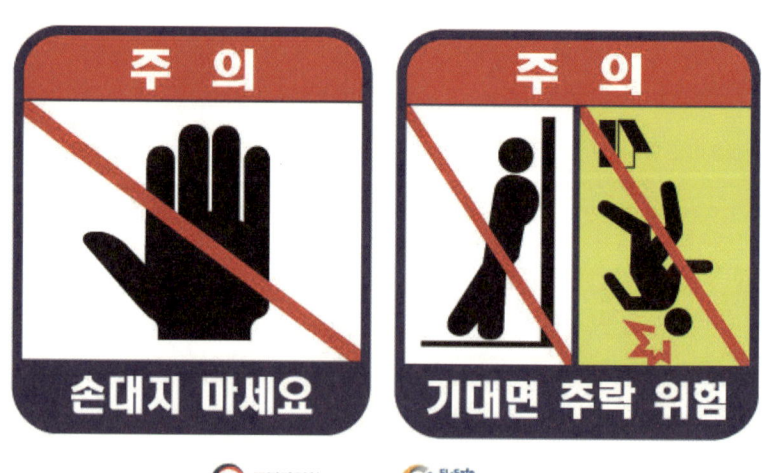

엘리베이터에 기대면 위험하죠!

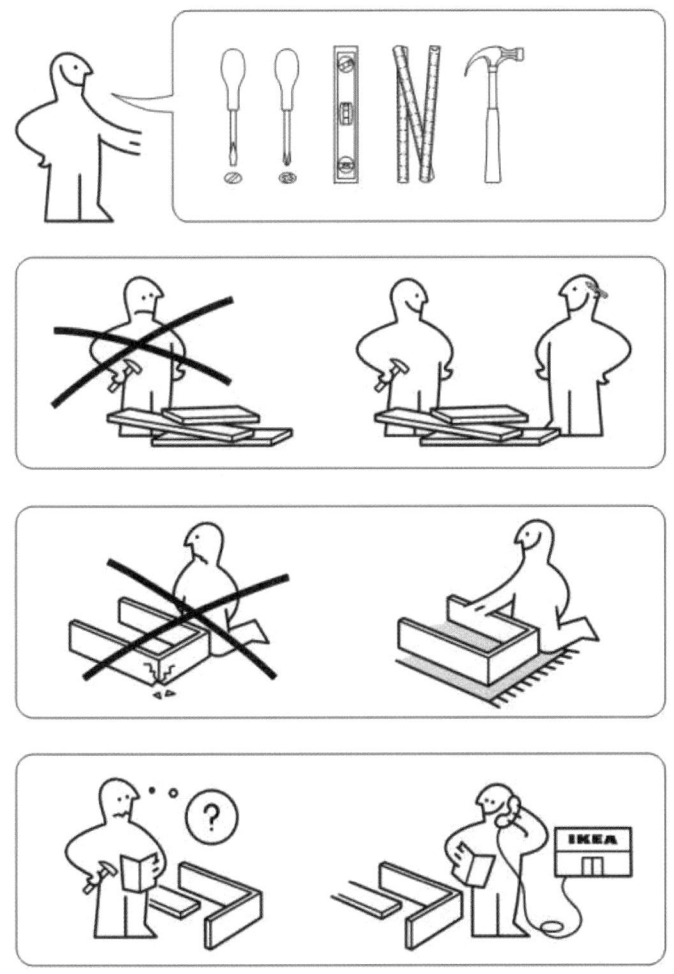

이케아 제품 설명서에는 글이 없어요

우리 직접 그려 봐요!

하나
산책하기, 커피 마시기 등 내가 자주 하는 행동을 쓰고 그림으로 그려 봐요.

둘
뛰다, 눕다, 걷다, 자다, 발차기하다 등 행동을 표현하는 단어를 쓰고 그림으로 그려 봐요.

셋.

꾸준히 하고 있는 운동 동작들을 글로 쓰고 그림으로 그려 봐요.

넷.

영화 보기, 놀이동산 가기 등 데이트 활동을 쓰고 그림으로 그려 봐요.

04 그림일기를 쓰면 마음이 보인다

열혈 독자님이 씽킹 톡에 입장하셨습니다.

은주쌤! 그림일기를 쓰고 싶은데
어떻게 시작해야 할지 막막해요. ㅠㅠ

그림일기요? 그림일기는 생각보다 어렵지 않아요.
잘 생각해 봐요. 예전에 그림일기를 쓴 적이 있었을 텐데…!

아! 초등학생 때
방학 숙제로 썼던 기억이 나요.
방학 동안 밀린 일기를
개학 전날 몰아서 썼었죠. ㅋㅋㅋ

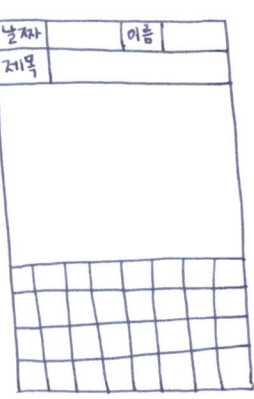

맞아요.^^
다들 그런 경험이 한 번쯤은 있죠.
어렸을 때 그림일기를 쓰는 게 어려웠었나요?

아니요! 그림일기는 숙제라
의무감에 했었지만 그리 어려운 숙제는 아니었어요.

네 맞아요.
그림일기를 거창하게 생각하는 사람들이 많은데요.
초등학생 때 쓰던 그림일기를 떠올리며 시작하면
쉽게 그림일기를 쓸 수 있답니다. ^^

네! 초등학생 때 쓰던 마음으로
시작해 보도록 할게요. ^^
검사 도장은 쌤이 찍어 주세요! ㅋㅋㅋ

글로 쓴 일기와
그림일기는 어떻게 다를까?

여기 매일매일 꾸준히 일기를 쓰고 있는 독자분이 있으신가요? 어디 한번 손들어 볼까요?

역시 많지 않으시네요! 어른이 되고 난 후 어렸을 때처럼 일기를 꾸준히 쓰는 것은 어려워요. 페이지 한 장을 가득 채우는 일기가 아니더라도, 오늘 어떤 일이 있었고 누구를 만났는지 간략하게 적는 일조차 생각보다 쉽지 않죠. 비주얼 씽킹 수업을 듣는 수강생들은 종종 저에게 꾸준히 하루 일과를 기록하고 싶은데 마음대로 되지 않고, 일기를 쓴다고 해도 사실적인 내용만 담겨 있는 느낌이라서 나중에 잘 펼쳐 보지 않게 된다고 토로하면서 하루의 느낌을 잘 표현할 수 있게 일기를 쓸 수 있는 방법을 알려 달라고 해요. 그래서 저는 그 분들에게 '그림일기'를 써 보라고 권합니다.

그렇다면 글로 쓴 일기와는 달리, 그림일기는 어떠한 특징을 가지고 있을까요? 제가 이 책을 집필하면서 쓴 출판 일기를 보면서, 글로 쓴 출판 일기와 그림으로 그린 출판 일기 내용이 어떻게 차이가 나는지 알려 드리도록 할게요.

[글로 쓴 출판 일기]

"며칠째 책쓰기가 제자리걸음이다. 맘에 안 드는 부분이 있는데 어떻게 고쳐야 할지 막막하다. 막히는 부분을 제쳐 두고 다음 장으로 넘어가려고 해도 뭔가 찜찜하다. 어떻게든 이 부분을 마감하고 싶어 며칠째 붙들고 있다. 책쓰기는 참 힘든 작업이다. 내가 왜 또 책을 쓴다고 했는지 후회가 든다."

[그림으로 그린 출판 일기]

'으싸!으싸' 산을 옮기고 있어요. 힘이 드네요.

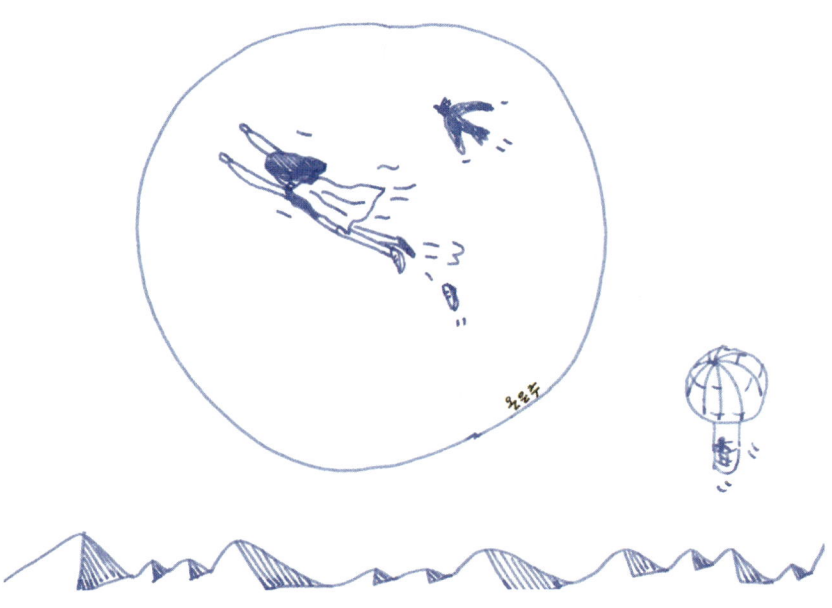

새와 경쟁하고 있어요! 신발이 벗겨졌네요.

첫 번째 그림은 산을 옮기고 있는 저의 모습이에요. 책쓰기는 곧 산을 옮기는 일과 비슷하다는 생각이 들어서 그랬답니다. 두 번째 그림은 슈퍼우먼이 되어 새와 경쟁하고 있는 제 모습이에요. 신발이 벗겨졌지만 멈출 수가 없네요. 저 뒤편에 보이는 열기구도 함께 경쟁 중이에요.

글로 쓴 출판 일기와 그림으로 그린 출판 일기의 차이점이 보이나요? 글로 쓴 일기는 힘이 든다는 내용과 구체적으로 힘든 부분들이 나열되어 있어요. 글만 보면 책쓰기가 큰 위기를 겪고 있는 것처럼 보여요. 다시 책을 쓰지 않겠다는 다짐 같기도 하고요. 그림일기 또한 책쓰기의 힘듦이 나타나 있어요. 그런데 그림일기를 페이스북에 올렸더니 이런 댓글이 달렸어요.

"옮길 수 있을 만한 크기의 산을 어깨에 짊어지고 있어요."
"새를 이기고 있네요. 아주 잘하고 있어요!"

그림일기는 '힘들다'라는 감정 안에서 긍정적인 면을 찾게 해 줬어요. 글로 적을 때에는 깨닫지 못했던 감정을 그림일기를 쓰고 나서 깨닫게 되었죠. 집필 마감일이 다가올수록 부담감이 심해져서 힘들었지만, 마감 안에 끝낼 수 있을 거라는 자신감이 있었다는 걸요. 그 생각이 그림 속에 녹아들었던 거예요. 이렇듯 그림은 이성적인 글과는 다르게 그 당시의 느낌을 생생하게 전할 수 있도록 해 주고 감성적인 생각을 표현할 수 있게 해 주며, 마음속 깊이 숨겨져 보이지 않았던 나의 진짜 마음을 꺼낼 수 있게 도와준답니다.

처음 그림일기를 시작할 때에는 완벽한 그림일기를 구현하려고 힘쓰지 않아도 돼요. 그날 있었던 일을 한 장의 그림으로 그리는 것부터 시작하세요. 처음에는 단순하게, 차차 실력을 키워 가면서 2컷, 3컷으로 장면 수를 늘려 나가는 것이 좋습니다.

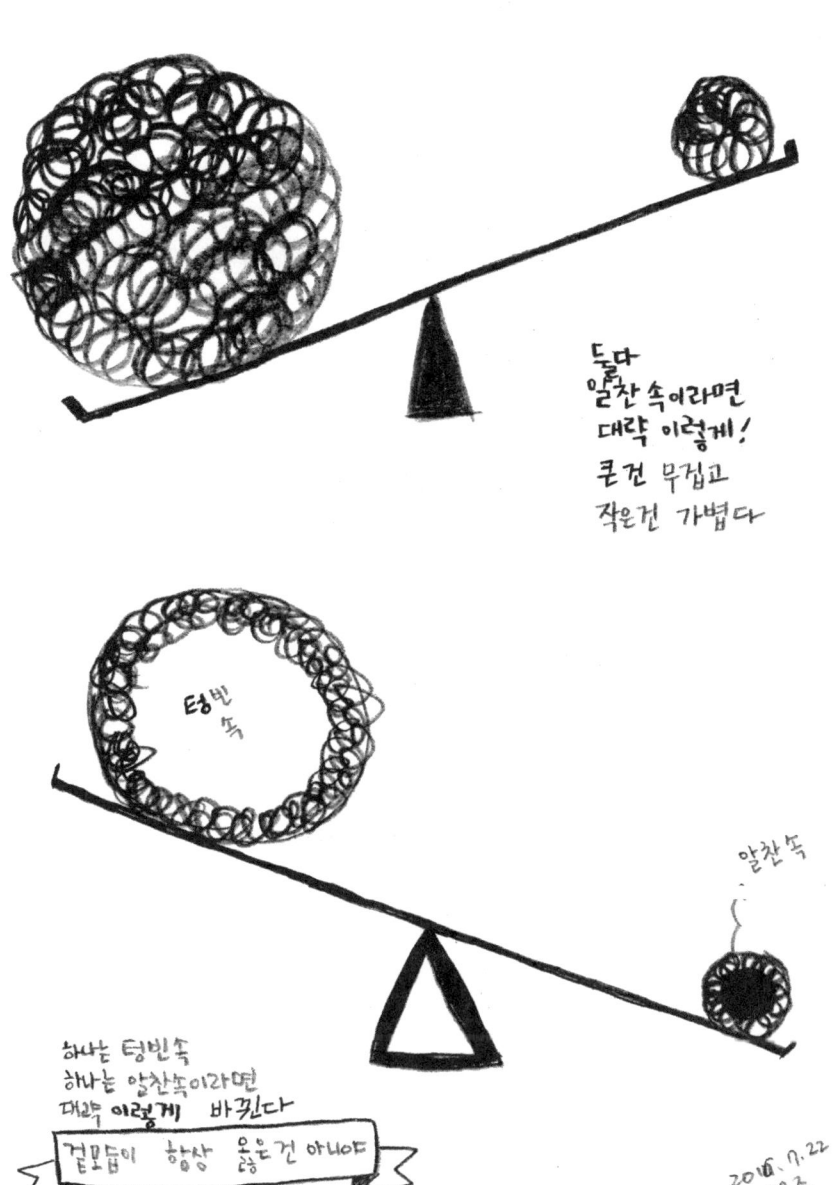

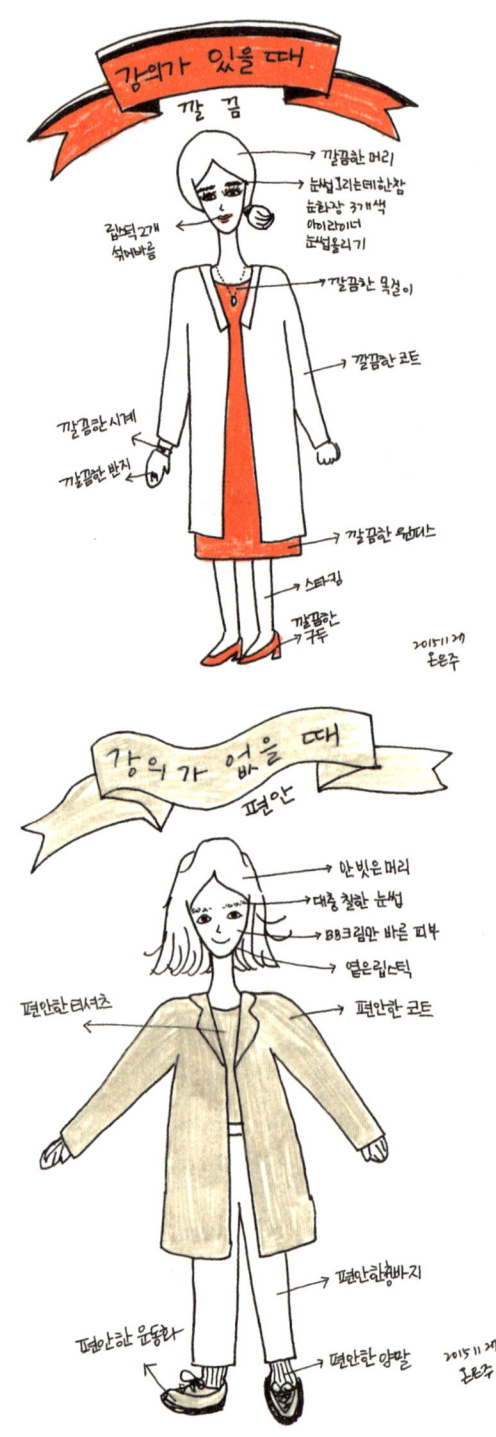

자화상으로
일기 쓰기

필자는 오늘 내가 가장 많이 지은 표정이나, 가장 기억에 남는 상황에 어떤 표정을 지었는지 자화상을 그리고 간략하게 느낌을 적어 그림일기로 남깁니다. 아래는 이 책의 원고를 마감하던 날 그린 자화상입니다. 마감의 기쁨보다는 피곤함이 보이죠? 다른 자화상 그림들 또한 다양한 내용을 담고 있답니다.

눈이 튀어나오거나 눈이 없어지거나
일이 많아서 피곤해

좋은 일들이 자꾸 생겨 기분이 좋아
조용히 혼자 즐거워하는 모습

시크하게
무표정!

자화상
론무쥬

사진으로
그림일기 쓰기

떠오르는 생각을 그림일기로 표현하는 게 어렵다면 기억에 남는 순간을 사진으로 찍은 후 따라 그리도록 해요. 스마트폰으로 찍은 간단한 사진 몇 장으로도 충분히 일기를 쓸 수 있어요. 오랜만에 만난 친구와 함께 찍은 사진도 좋고, 맛집에 가서 찍은 음식 사진을 중심으로 그림일기를 그려도 좋아요. 만약 찍은 사진이 없다면 오늘 겪었던 일과 비슷한 영화의 한 장면을 그리거나, 놀러 갔던 장소의 사진을 인터넷으로 검색하는 등 다양한 이미지들을 보며 따라 그려도 돼요.

사진을 보고 따라 그린다고 해서 사진과 똑같이 그릴 필요는 없답니다. 내가 느낀 감정에 따라 일부를 추상적으로 변경해도 되고, 여러 그림들을 추가해도 좋아요. 어느 쪽이든 멋진 그림일기가 완성된답니다.

: 온은주의 그림 에세이 :

아카시아 잎을 보니 사랑점이 생각나요.
사랑한다, 사랑하지 않는다.
아카시아 잎을 하나씩 떼며 묻는 사랑점이요.
그런데 그거 아세요?

아카시아 잎은 가운데 하나가 툭 튀어나와 있는
홀수잖아요.
사랑한다로 시작하면 사랑한다로
반드시 끝나게 되어 있어요.
이루고 싶은 것, 원하고 싶은 게 있으면
아카시아 잎에게 물어 보세요.
이루고 싶을 걸,
먼저 말하기만 하면 돼요!

아카시아 잎,
내가 원하는 그 답을 알려 주는

아래의 이미지는 비주얼 씽킹 수강생인 이나영 작가가 그린 육아 일기입니다. 아이들이 뛰어 노는 모습을 사진으로 찍고 그림으로 그렸어요. 아이들이 자주 다니는 배경을 찍고 배경 안에 아이들의 캐릭터를 삽입해 색다른 그림일기를 만들기도 했답니다.

리본으로 제목을 꾸며 보자

그림일기 제목을 독특하고 예쁘게 꾸미고 싶다면 리본 아이콘을 사용해요. 가로형, 세로형, 하트 등 다양한 리본 디자인을 사용해 제목을 꾸미면 돼요. 리본 위에 내용의 중심 주제를 적으면 어떤 내용인지 한눈에 볼 수 있고 본문 내용과 구분되어 깔끔한 느낌을 줄 수 있답니다.

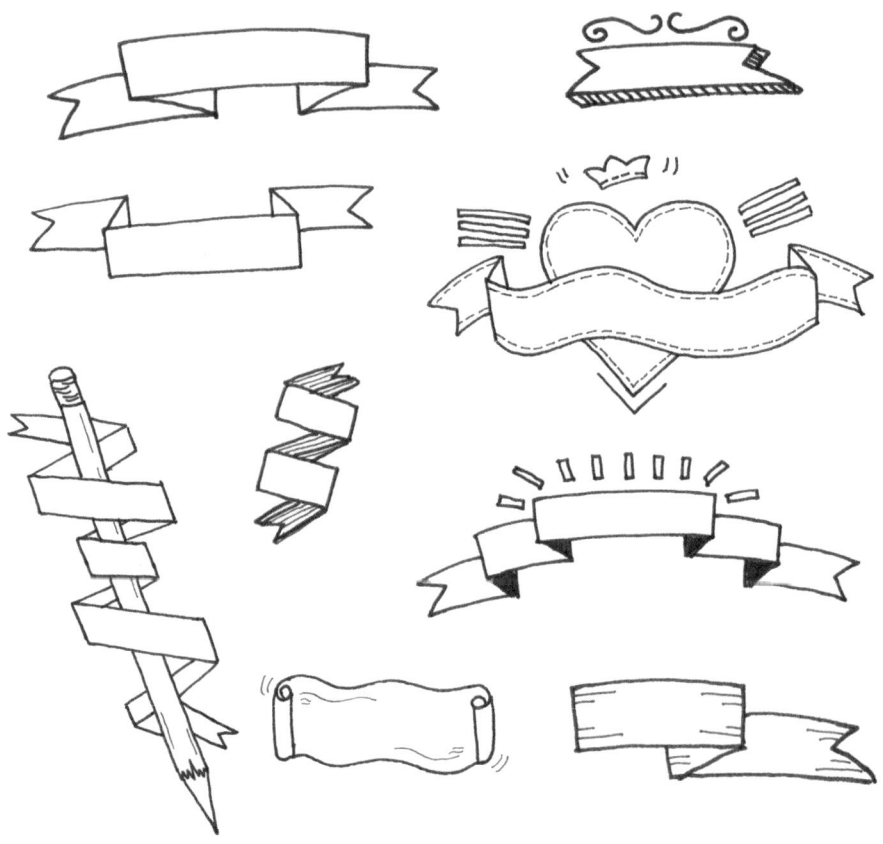

우리 직접 그려봐요!

하나
하루 중 인상 깊었던 순간, 행복한 순간을 그림일기로 표현해 봐요.

둘
연애하면서 좋았던 일 등 연애 일기를 그림일기로 표현해 봐요.

셋.
비빔밥 만들기 등 요리와 관련된 내용을 그림일기로 표현해 봐요.

넷.
출판 일기 등 특별한 일을 하면서 느낀 점을 그림일기로 표현해 봐요.

05 상상을 그리면
현실이 된다

열혈 독자님이 씽킹 톡에 입장하셨습니다.

안녕하세요! 오늘은 제가 독자님을 위해
재미있는 퀴즈를 하나 들고 왔답니다.

퀴즈요? +_+

애플의 창업자 '스티브 잡스'
마이크로소프트의 창업자 '빌 게이츠'
구글의 창업자 '래리 페이지'
이 세 사람의 공통점은 무엇일까요?

쌤, 너무 쉬운 거 아닌가요?
실리콘밸리에서 성공한 사람들이잖아요.
특히 IT기업으로.

역시! 네 맞아요. 하지만 이들에게 또 다른 공통점이 있답니다.
어린 시절 'The Whole Earth Catalog(지구 백과사전)'이란
잡지를 즐겨 봤다는 점이에요.

그런 잡지도 있나요? 무슨 내용의 잡지인데요?

미래에 있을 법한 기술을 상상해서 그림으로 그린 잡지예요.
아래 그림을 한번 살펴봐요!

우와!
내용이 정말
독특하네요!

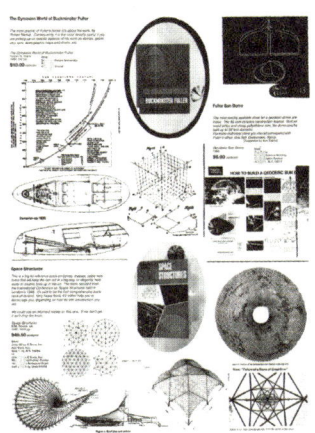

The Whole Earth Catalog(지구 백과사전)
이미지 출처: http://www.wholeearth.com

어린 시절, 이 잡지를 보며 미래를 상상했다고 해요.
그리고 어린 시절 상상했던 것들을 어른이 돼서 실현시켰답니다.
즉 아이폰, MS, 구글과 같은 기술을 현실화시킨 거죠.

우와, 상상의 힘이란 게 정말 엄청나네요!

우리도 이들처럼 상상을 실현시킬 수 있어요.

정말요? 그게 가능할까요?

네! 그럼요.
자 그러면 상상을 상상하고 그 상상을 실현시키러 가 볼까요?

상상은 지식보다 재미있다고?

아래 괄호 안에 들어갈 문장은 무엇일까요?

"상상은 지식보다 (   )"

정답은 바로바로! '중요해요' 입니다. 위 문장은 아인슈타인이 한 유명한 명언 중 하나예요. 어른들에게 이 질문을 하면 대부분은 '어려워요'라고 대답합니다. 아이들에게는 쉬운 상상이 어른들에게는 어렵게 느껴지는 거죠. 필자는 이 질문에 '재미있어요'라고 대답했어요. 가만히 앉아 아무런 제약 없이 나를 자유자재로 움직일 수 있는 '상상'이란 행위는 저에겐 큰 즐거움이기 때문이에요.

▲ 2000년 이모저모

여러분, 우리 한번 생각해 봐요. 100년 후 우리나라는 어떻게 변할까요?
위의 이미지는 1965년, 이정문 화백이 미래의 생활이 어떻게 변화될 것인지 상상해서 그린 그림입니다. 전기로 움직이는 전기 자동차부터 태양열을 이용한 집, 소형 TV 전화기까지 현재 실현된 기술들이 생각보다 많죠? 앞으로 100년 후 우리의 생활은 어떻게 바뀔까요? 우리도 100년 후 변화될 미래를 상상해 봐요.

미래의 물건 상상하기

'상상하는 힘'을 키우는 가장 효율적인 방법은 바로 상상한 것을 직접 그려 보는 거예요. 한 가지 주제를 잡고 주제와 관련된 떠오르는 것을 그린 다음 그것이 앞으로 어떻게 발전할 것인가를 상상하면서 그리는 겁니다.

예를 들어, 100년 후 우리의 일상을 편리하게 해 줄 물건들은 무엇이 있는지 상상하는 거예요. 음식을 전기로 데워 먹을 수 없었던 시대, 걸어 다니면서 통화를 한다는 것은 상상도 할 수 없었던 시대를 떠올려 봐요. 앞으로의 미래는 우리가 '상상한 것' 만큼, '상상을 상상한 것' 만큼 아주 많이 발전할 거예요.

상상을 그림으로 바꾸는 첫 번째 방법은 재미있는 상황이나 스토리를 만들어 배경으로 삼거나 현실에서 유명한 사람을 자기 자신이라고 생각하고 상상하는 거예요. 상상하는 주제에 더 몰입할 수 있고 상상의 제약이 없어진답니다. 예를 들어, 100년 후 사무실이 어떻게 변할 것 같은지 상상했을 때, 내가 스티브 잡스가 되었다고 생각하면서 사무실을 어떤 모습으로 바꿀 것인지 스스로에게 질문을 해 보세요. 스티브 잡스는 스마트폰을 만들어낸, 상상력이 풍부하고 기술에 대해서 박식한 사람이기 때문에 우리가 상상한 것을 다 실현시킬 수 있다고 생각하거든요. 스티브 잡스가 되었다고 상상하면 고정된 생각에서 벗어날 수 있답니다. 나를 주인공으로 두고 상상하면 나도 모르게 스스로에게 제약을 둘 수 있어요. 스스로에게 제약을 두면 그만큼 상상의 범위도 좁아진답니다.

두 번째 방법은 서로 관련이 없는 두 개 이상의 단어를 연결하는 거예요. 미래의 사무실을 상상한다고 했을 때, 사무실과 전혀 무관한 놀이터와 사무실을 연관시켜 보는 겁니다. 계단이나 엘리베이터가 아닌 미끄럼틀이 있거나 바닥에 흙이 깔려 있어

꽃이 자라는 사무실 바닥을 상상하는 등 생각지도 못했던 재미있는 공간이 상상의 나래로 펼쳐진답니다.

100년 후, 옷이나 가방 등의 물건은 어떻게 변화될까요? 자동차, 지하철, 자전거 등 이동 수단은요? 다양한 주제를 상상하고 그림으로 그려요. 무한한 상상력의 세계를 그림으로 경험해 볼 수 있답니다. 미래의 물건을 상상할 때에는 가까운 미래보다는 아주 먼 100년 후, 200년 후를 상상해 봐요. 먼 미래이기 때문에 어떤 새로운 물건들이 생길지 누구도 판단하기 어렵고, 그렇기 때문에 얼토당토아니한 물건들도 막 떠올릴 수 있답니다.

다음의 이미지는 비주얼 씽킹 수강생이 그린 '미래의 음식'이에요. 부피가 큰 음식들이 아주 작은 상자 안에 미니볼 모양으로 들어 있고, 이 미니볼을 전자레인지에 돌리면 원래 크기 그대로의 맛있는 음식이 나올 거라고 미래의 음식을 상상했어요. 그리고 미니볼 사용 방법을 궁금해하는 사람들을 위해 미니볼 사용 설명서도 만들었답니다.

"미니볼" 사용설명서

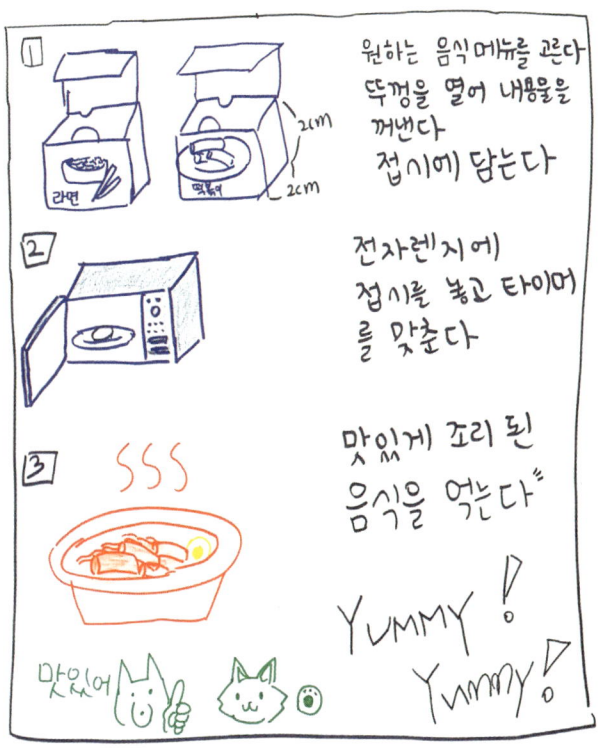

30년 후 나를 상상해 봐

30년 후 나는 어떤 모습일까요? 30년 후 나의 모습이 궁금하다면 30년 인생 로드맵을 그려 보도록 해요. 10년 후, 20년 후, 30년 후 나의 변화된 모습을 직접 그림으로 그리면 현재의 나태해진 나를 반성하게 되고, 마음속으로만 생각했던 꿈을 실현시킬 수 있답니다.

인생 로드맵을 그리는 방법은 간단합니다. 타임머신을 타고 미래에 갔다고 가정하고 그날 하루 종일 미래의 나를 따라다니는 거예요. 아침에 일어나서 뭘 하는지, 누굴 만나는지, 어떤 일을 하는지 지켜보는 거죠. 그중 가장 인상적인, 혹은 성공한 나의 모습을 그림으로 그려요. 전체적인 장면을 그려도 좋답니다. 이렇게 10년, 20년, 30년 후를 같은 방식으로 그려요. 로드맵을 그릴 때 가장 중요한 것은 일상의 평범한 삶이 아닌 대단히 근사한, 내가 하고 싶었던 것을 이룬 성공한 삶을 그리는 거예요. 필자의 로드맵을 예로 들어 볼까요?

필자의 10년은 비주얼 씽커로 살고 있는 모습이에요. 마케팅 기획이라는 하던 일을 그만두고 비주얼 씽커로 성공한 모습을 그림으로 그렸어요. 20년 후는 콘텐츠 아티스트로, 30년 후에는 나눔을 기획하는 마을의 빌리지 가드너로 살고 있어요. 저는 현재 10년의 꿈인 비주얼 씽커라는 삶의 꿈을 이루고 있습니다. 이렇게 꿈을 꾸며 여러분들을 위한 비주얼 씽킹 책도 출간할 수 있었어요. 앞으로는 20년 후의 삶을 그리며, 로드맵을 보며 꿈을 이뤄 나갈 거예요. 여러분의 미래는 어떤 모습인가요? 그 모습을 이루고 싶나요? 그럼 당장 미래를 그리고 꿈을 꾸는 연습을 시작하세요! 미래는 꿈을 꾸고 그리는 자 앞에 가까이 있답니다.

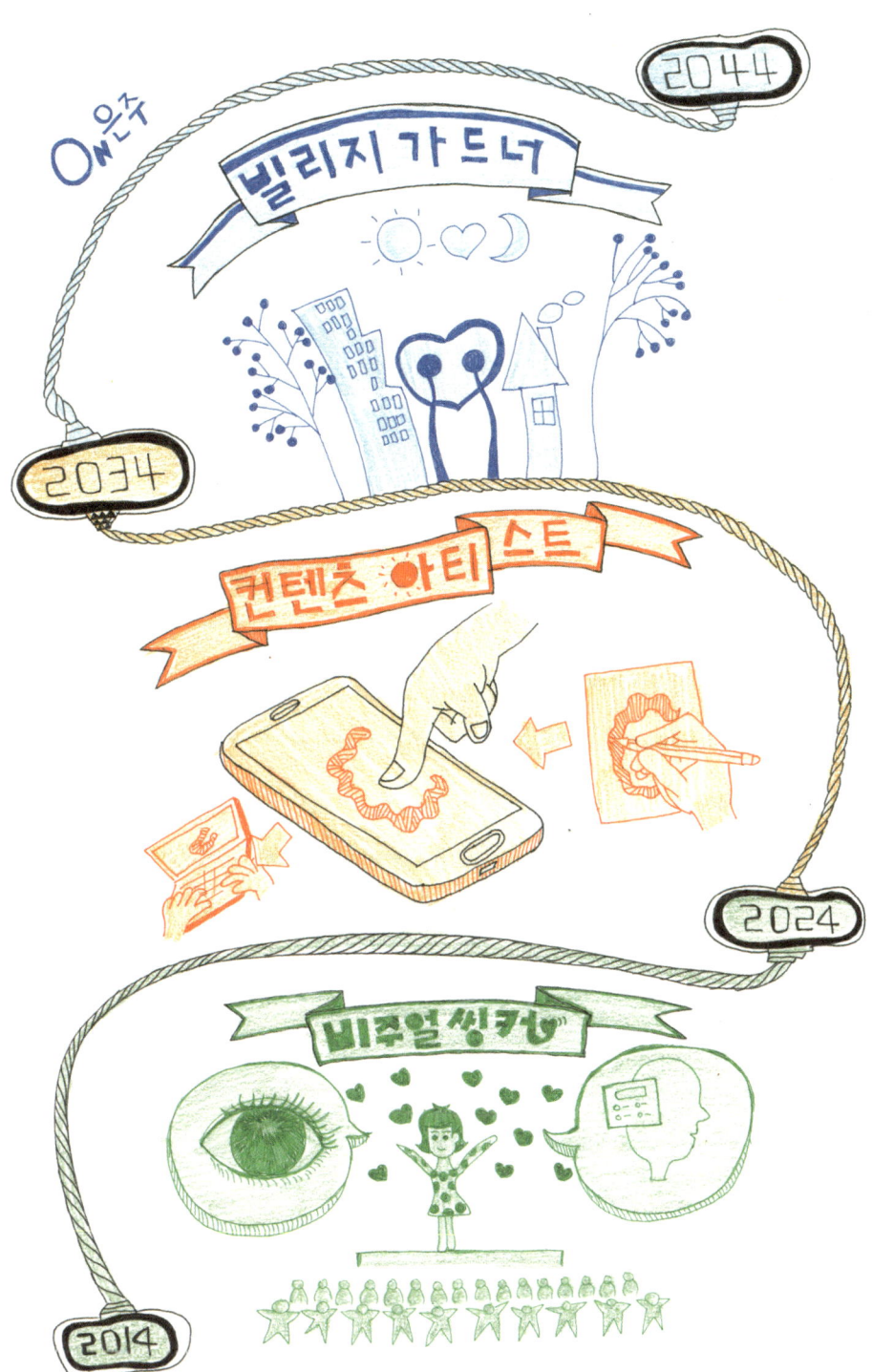

우리 직접 그려 봐요!

하나
100년 후 미래의 물건을 상상해서 그리고 설명을 써 봐요.

둘
100년 후 미래의 직업을 상상해서 쓰고 그림으로 그려 봐요.

셋
100년 후 미래의 공간을 상상해서 그리고 설명을 써 봐요.

넷
10년 후, 20년 후, 30년 후 미래의 내 모습을 상상해서 그려 봐요.

06 그림으로 정리하면
정리가 빨라진다.

열혈 독자님이 씽킹 톡에 입장하셨습니다.

은주쌤, 제 옷장 좀 보세요. ㅠㅠ
너무 지저분해서 어떤 옷이 어디에 있는지
찾기가 너무 힘들어요. ㅠㅠ
옷장을 정리하는 효과적인 방법이 어디 없을까요?

비주얼 씽킹으로 '정리'를 하면 된답니다. ^^
비주얼 씽킹으로 옷 정리를 하려면 먼저
구체적인 옷 품목을 정한 다음 정리를 시작해야 해요.
어떤 스타일을 즐겨 입나요? 캐주얼 아니면 정장?

음, 저는 캐주얼을 즐겨 입어요. 특히 줄무늬 티셔츠를 좋아해요.

그럼 줄무늬 티셔츠부터 정리해 볼까요?

네!

옷장 안에 있는 줄무늬 티셔츠를 떠올리며
그림으로 그려 보세요.

그림으로요?

네, 모두 그림으로 그려 봐요.

(······ 잠시 후 ······)

다 그렸어요. 이제 어떻게 하면 되나요?

그린 그림 옆에 설명을 써요.
구입 연도, 구입 이유, 최근에 자주 입었는지 등을
적으면 된답니다.

(······ 또 잠시 후 ······)

쌤, 다 썼어요!

자 그럼 이제 그림으로 정리된 옷들을 살펴볼까요?

세상에! 줄무늬 티셔츠가 13벌이나 있어요.
헉, 목이 늘어나서 버리려고 했던 티셔츠가 아직까지 있네요.^^;

이처럼 그림으로 옷장을 정리하면
가지고 있는 옷을 한눈에 보며 정리할 수 있답니다. ^^

자주 입는 원피스도 그려 봐야겠어요!!!
고마워요, 쌤!

그림으로 정리하면
보이는 것들

볼펜, 노트 등 각종 사무용품들이 책상 위에 산더미처럼 쌓여 있나요? 가방은 돌이 들었는지 어깨가 빠질 것처럼 무겁고, 옷장은 터질 거 같은데 입을 옷이 없나요? 그렇다면 바로 정리가 필요한 순간이에요. 불필요한 것들을 정리하면 공간이 생기고, 소중하게 보관해야 할 것들을 구분할 수 있답니다.

필자는 여름 원피스를 좋아해서 해마다 3~4벌 이상의 원피스를 구매하곤 합니다. 근데 신기하게도, 어느 여자분들의 고민처럼 원피스를 입으려고 하면 입을 만한 옷이 없더라고요. 하루는 원피스가 옷장 한 칸을 이렇게나 꽉 차지하고 있는데, 왜 입을 만한 옷이 없는지 궁금해져서 가지고 있는 원피스를 그리기 시작했어요. 옷을 다 그린 다음에는 구매 연도, 옷의 특징들을 아래에 함께 적었답니다. 원피스가 한 장의 종이 위에 정리되니 왜 해마다 새로운 원피스를 사도 항상 부족하다고 느끼는지 알게 되었어요. 스타일이 비슷비슷한 원피스를 계속 사고 있어서 입을 만한 옷이 없다고 생각했던 거예요. 또, 유행이 지나거나 색감이 마음에 들지 않아 입지 않는 원피스들도 있었어요. 버리긴 아깝지만 가지고 있으면 옷장만 차지하는 애매한 원피스가 많았던 거예요. 한 장으로 정리한 원피스를 보니 버려야 할 원피스를 쉽게 정리할 수 있었고 내가 어떤 스타일의 옷을 좋아하는지, 나만의 스타일을 알 수 있었답니다.

물건을 정리할 때에는 먼저 생각나는 순서대로 물건을 그리고 그 다음 구매 연도, 구매 이유, 잘 안 쓰는 이유를 적어요. 더 나아가 물건의 특징이나 추억을 함께 적어도 좋답니다. 이후 한 장으로 정리된 목록을 보며 물건을 구매하는 원칙, 자주

원피스 정리를 그림으로

쓰는지, 쓰지 않는지, 사용하지 않는다면 왜 사용하지 않는지, 이것을 버릴 것인지 아니면 다른 곳에 보관할 것인지 등을 판단하는 작업을 거쳐요. 물건을 정리할 때 머릿속으로 정리를 하지 않은 상태에서 물건을 버리려면 언젠가 다시 사용하게 될 것 같은 생각에 제대로 정리하기가 어려워요. 정리할 물건을 한 장의 종이에 정리하면 한눈에 확인할 수 있고 필요한 물건과 필요하지 않은 물건을 확실히 정리할 수 있답니다. 더불어 그림을 그리면서 정리의 재미를 느낄 수 있어요.

이러한 정리 방법은 다양한 품목에 활용될 수 있습니다. 책상을 정리하고 싶다면 책상 위에 올려진 물건들을 그리고, 신발장을 정리하고 싶다면 신발을 그리면 돼요. 가방을 정리하고 싶다면 가방 안에 있는 물건들을 그려요. 물건을 다 그리면 사용 용도, 사용 횟수 등을 적고 물건을 빼거나 추가하는 작업을 거치면 된답니다.

쌓여 있는 티셔츠를 그림으로 정리해 봐요.

고양이가 들어간 제품만 정리했어요.

신발을 그림으로 정리해 봐요.

우리 직접 그려 봐요!

하나
옷장, 책상, 화장대, 냉장고 등 정리 정돈이 필요한 곳을 그림으로 정리해 봐요.

둘
안방, 거실 등 큰 물건이 있는 공간을 그림으로 정리해 봐요.

셋.
사고 싶은 것들을 그림으로 정리해 봐요.

넷.
가방 안에 있는 물건들을 그림으로 정리해 봐요.

07 그림으로 소통하면
대화가 쉬워진다.

열혈 독자님이 씽킹 톡에 입장하셨습니다.

은주쌤, 제 머리 좀 보세요. ㅠㅠ
'앞머리 길게, 뒷머리 짧게'
이 말이 그렇게 어렵나요?

헉, 머리에 도대체!!! 무슨 일이 있었던 거예요?

헤어 디자이너에게
앞머리는 길게, 뒷머리는 짧게 잘라 달라고 했는데요.
이상한 스타일이 나왔어요. ㅠㅠ
이 꼴로 어떻게 밖에 나가나요. ㅠㅠ

하... 제가 비주얼 씽킹으로 소통하는 방법을
얘기해 주지 않았군요.
(미안해요. ㅠㅠ)

아니, 그림으로 소통하는 방법이 있단 말이에요?
헤어스타일로 그림으로 표현할 수 있어요?

"앞머리 길게"는 어느 정도 길이인가요?

귀 뒤로 넘길 정도의 길이예요.

"뒷머리 짧게"는 어느 정도 길이인가요?

목에 닿지 않을 정도의 길이예요.

자, 그럼 말한 대로 그림을 그려 봐요.

(······ 잠시 후 ······)

쌤... 바로 이 머리예요. 제가 원하던 머리가... 으앙. ㅠㅠ

진작에 알려 드릴 걸. ㅅㅅ;;;

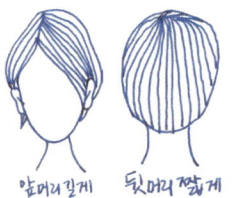
앞머리 길게 뒷머리 짧게

아니에요. 머리가 좀 자랐을 때
미용실에 가게 되면 오늘 배운 것처럼
그림으로 헤어스타일을 설명해 볼게요.
지금이라도 감사해요. ㅠㅠ

ㅅㅅ;;;

그리면서 대화하는 법

기본적인 의사소통이 '말'로 이루어지는 만큼, 원하는 내용을 효과적으로 '잘' 전달하기 위해서는 말로 설명을 잘해야 해요. 하지만 때론 말로 대화를 할 때 의도한 주제가 다르게 전달되기도 해 곤욕을 치르기도 합니다. 이런 일을 예방하려면 어떻게 해야 할까요?

의도한 목적에 맞게, 주제에 맞게, 효율적으로 내용을 전달하는 방법을 알려 드리기 전에! 필자의 친한 동생이 헤어숍에서 겪은 이야기를 먼저 들려 드리도록 할게요. 헤어 디자이너와 의사소통이 안 돼 눈물 없이 볼 수 없는 머리 스타일을 갖게 될 뻔한 절체절명의 위기를 어떻게 극복했는지, 그림으로 살펴보도록 할까요?

그녀는 머리를 하러 헤어숍에 갔어요.
하고 싶은 머리 모양을 헤어 디자이너에게 설명했죠.

머리를 다 자르고 나서 거울을 본 순간, 그녀는 자신이 원하던 스타일이 아니라는 걸 알게 되었어요. 그녀는 헤어 디자이너에게 뒷머리를 더 짧게 잘라 달라고 말했어요. 그런데 헤어 디자이너는 뒷머리뿐만 아니라 앞머리까지 짧게 자르려고 하는 거예요.

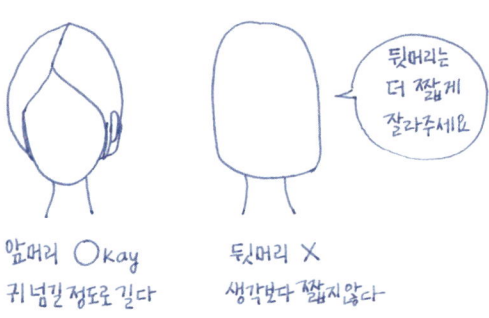

그녀는 헤어 디자이너에게 앞머리는 자르지 말라고 얘기했죠. 근데 헤어 디자이너는 뒷머리 길이에 맞춰 앞머리를 꼭 잘라야 한다는 거예요. 그녀는 이해하지 못하겠다는 표정으로 헤어 디자이너를 바라봤죠. 그러자 헤어 디자이너는 그림을 그리며 설명했어요. 앞머리를 길게 하고 뒷머리를 짧게 하면 옆머리가 어색하다는 점을요. 헤어 디자이너는 수년간의 경험으로 이 사실을 알고 있었지만, 그녀는 밸런스가 맞지 않을 거라고는 생각하지 못했죠.

헤어 디자이너는 그림을 보여 주면서 옆머리가 어색해도 괜찮은지 물었어요. 그녀는 옆머리가 어색해도 앞머리는 길어서 귀 뒤로 넘길 수 있고, 뒷머리는 짧은 게 좋다고 얘기했어요.

헤어 디자이너는 최대한 어색하지 않게 앞머리는 길게, 뒷머리는 짧게 잘랐어요. 결국, 서로 원하는 결과를 쉽게 언쟁 없이 얻을 수 있었답니다.

이런 일은 일상 대화에서, 영업을 하는 상황에서, 서비스를 주고받는 상황에서 빈번하게 일어나요. 말하는 사람과 듣는 사람, 기업과 소비자 서로가 다른 '목적'과 '뜻'을 가지고 있기 때문이에요.

준오 헤어에서 근무하고 있는 한 헤어 디자이너 또한 고객에게 헤어 스타일을 설명할 때 위와 같이 그려서 보여 준다고 해요. 직접 그림을 그려서 손님이 원하는 헤어 스타일을 명확하게 보여 준 후 머리를 잘라 주면 고객이 더 만족스러워 한다고 합니다. 반대로 머리를 자르러 온 손님이 그려서 보여 줘도 돼요. 원하는 스타일이 담긴 사진이 준비되면 사진을 보여 줘도 좋고, 원하는 스타일이 사진 속 머리 스타일과 살짝 다를 때는 그림을 그리며 수정해서 보여 주면 된답니다.

이처럼 전달하고 싶은 내용을 명확하게 전하고 싶을 때, 서로 얘기하고 싶은 내용이 달라 의사소통이 어렵다고 느껴질 때, 그림으로 그려서 보여 주도록 해요. '백문이 불여일견!' 백 번 말하고 듣는 것보다 한 장의 그림이 전달하고자 하는 목적을 더 효과적으로 전달해 준답니다. 숙련된 그림 실력은 필요 없어요. 잘 그려서 보여 주는 것이 목적이 아니라, 전하고 싶은 내용을 그림으로 해석해서 보여 주는 것이면 충분하기 때문이에요.

회의 준비는
간단한 그림으로 시작하자

회사에서 회의를 진행할 때 우리는 종종 의사소통의 어려움을 느끼곤 합니다. 전달하려는 주제가 잘 전해지지 않거나, 서로 다른 부서의 사람들이 모여 회의를 진행할 때에는 각 부서에서 쓰는 용어나 지향하는 바가 다를 수 있기 때문이에요. 이럴 때에는 간단히, 내가 원하는 회의 내용을 그림으로 그려서 전달하도록 해요. 간단한 그림이라도 의사소통을 원활하게 해 주며 회의시간을 훨~씬 효율적으로 사용할 수 있게 해 준답니다. 자 그럼, 그림으로 회의를 하는 것이 얼마나 효과적인지 한번 보도록 할까요?

언제나처럼 회의가 계속된 날이었어요.
직장인 홍길동 씨는 그날 회의가 유난히 순조로웠다고 생각했죠.

그런데 다음 날, 홍길동 씨는 개발된 내용을 보고 당황했어요. 그가 어제 요청했던 그래프는 이런 그래프가 아니었거든요.

홍길동 씨는 말로 설명해서는 안 되겠다 싶었어요. 엑셀, PPT를 동원해서 전달할 내용을 정리하기 시작했어요. 이 작업을 하느라 하루가 꼬박 걸렸죠. 회의 시간보다 회의 준비에 더 많은 시간이 허비됐어요. 매번 회의 준비를 이렇게 할 수는 없을 거 같아 회의 준비 시간을 줄이는 더 좋은 방법이 없을지 고민을 했어요.

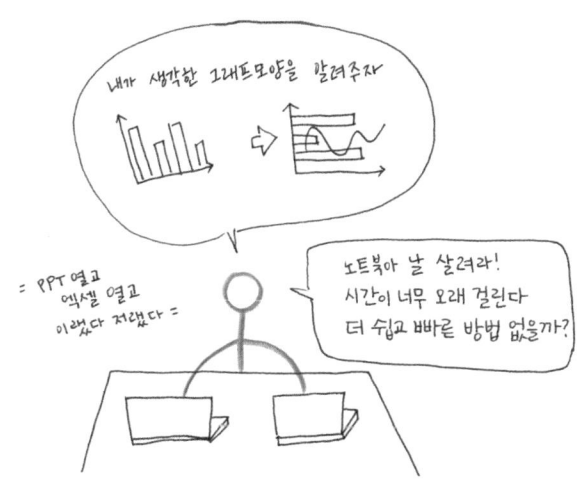

홍길동 씨는 전하고자 하는 주제를 효과적으로 정리·전달할 수 있게 해 주는 비주얼 씽킹을 배우기 시작했어요. 비주얼 씽킹을 활용해 회의 내용을 간단히 '그림으로' 표현해서 전달했죠. 프로그래머는 특별한 설명 없이 그림으로 한 번에 이해할 수 있다며 좋아했어요. 그리고 다음날, 홍길동 씨는 원하는 내용이 담긴 결과물을 바로 받을 수 있었답니다.

어때요? 그림으로 원하는 목적을 전달하는 일의 효과가 생각보다 엄청나지 않나요? 그림으로 표현하는 일은 소통의 어려움을 최소화하여 전달성을 높이고 이해를 빠르게 해 주기 때문에 위의 사례처럼 서로의 감정이 상하지 않고, 시간을 절약할 수 있으며 원하는 목적을 쉽게 얻을 수 있도록 한답니다.

아이디어 발상은
스케치북에서 시작하자

여러 유명 디자이너들은 아이디어 발상을 '간단한' 스케치로 시작해요. 간단한 손그림은 머릿속에 빠르게 지나가는 아이디어들을 포착할 수 있게 해 주고, 그린 그림 위해 생각을 덧붙여 아이디어를 확장시킬 수 있게 해 주기 때문이에요. 더불어 손그림이 가지고 있는 아날로그적 느낌은 감성을 깨우는 힘이 있어, 감성을 발달시키는데 도움을 준답니다.

레오나르도 다 빈치, 아인슈타인, 가우디, 뉴턴도 처음에는 마찬가지였어요. 그들이 남긴 위대한 창조물들은 처음부터 '짜잔'하고 나타난 게 아니에요. 노트에 끄적거린 낙서 하나로 시작되었고, 몇 개월이 쌓이고 몇 년이 지나면서 아이디어가 아이디어를 불러일으키고 상상은 현실이 되었어요. 특히, 레오나르도 다 빈치는 13,000장의 노트를 썼다고 알려져 있어요. 양이 엄청나죠?

다음 페이지에 나오는 이미지들은 디자이너들이 그린 아이디어 스케치입니다. 깔끔하고 잘 그렸을 거라는 생각과는 달리 이리저리 휘갈겨 쓴 글과 지저분한 그림들뿐이죠? 이처럼 아이디어 스케치는 시간과 공을 들여 잘 그릴 필요 없이 간단하고 빠르게, 그리고자 하는 주제의 특징만을 잡아서 그리는 것으로도 충분하답니다.

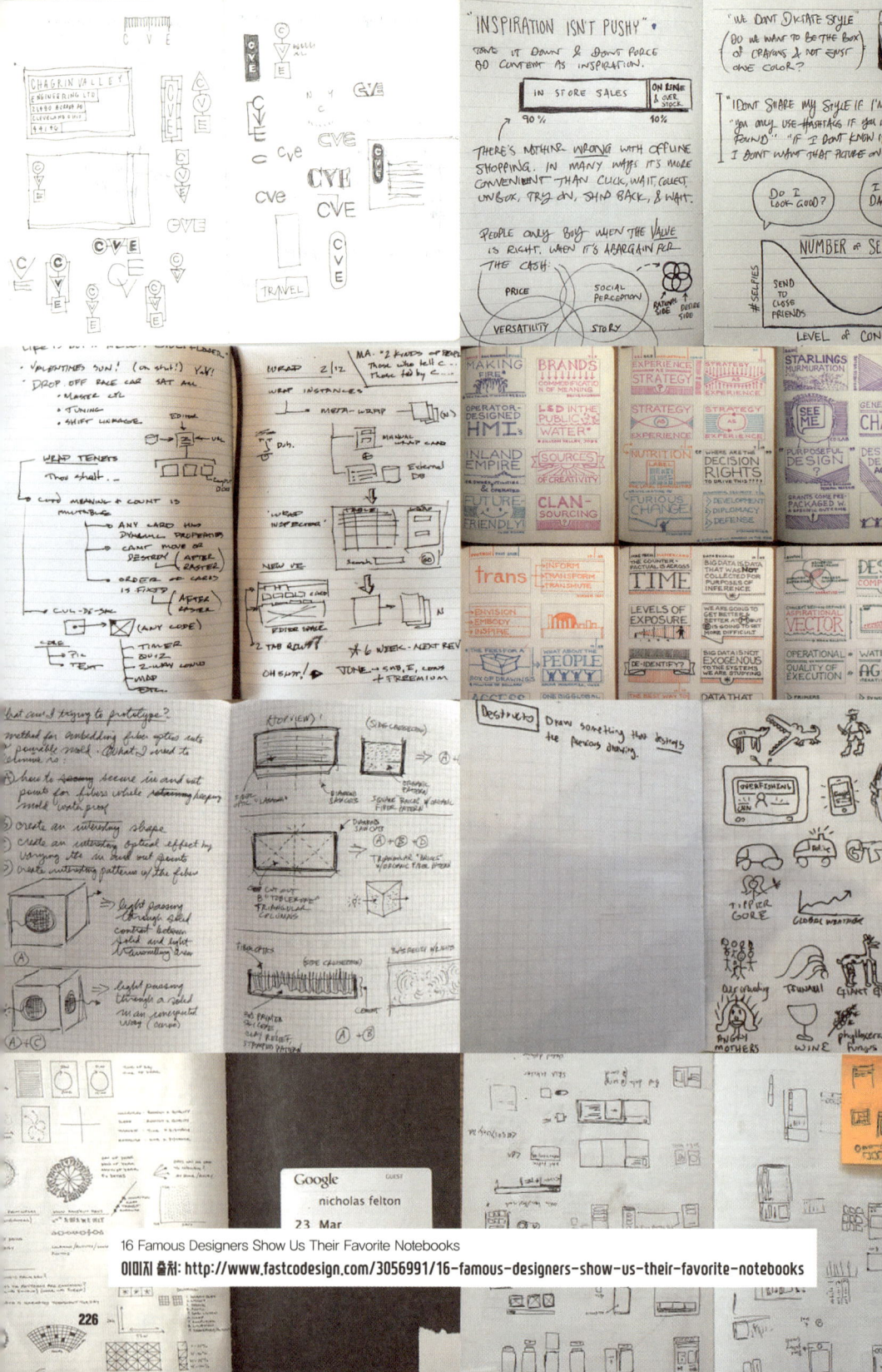

필자는 그림을 좋아하고 전시회를 해 보고 싶어 하는 사람들을 후원하여 전시회를 열어 주는 '이야기 전시회 프로젝트'를 기획, 운영하고 있어요. 올해로 2회째를 맞이했고, 내년에도 준비 중이랍니다. 처음 프로젝트를 운영해야 했을 때에는 어떻게 해야 할지 너무 막막했어요. 그래서 제일 먼저 전시회를 진행하는 운영진들과 함께 프로젝트 아이디어를 손그림으로 표현하기 시작했어요. 여러 의견들을 스케치하고 내용을 차곡차곡 추가해서 아이디어를 확장시켜 나갔더니 아래와 같이 '나도 전시회를 하고 싶다'라는 아이디어 스케치가 완성되었어요.

이처럼 아이디어가 잘 떠오르지 않을 때에는 생각나는 대로 스케치를 하면서 생각을 꺼내 보도록 해요. 이리저리 닥치는 대로 생각을 그리다 보면, 원하는 결과물이 쓱– 나타나기도 하고 더 좋은 방법이 생각나기도 한답니다.

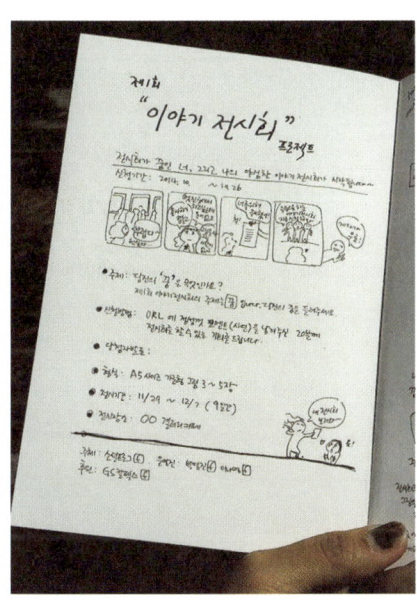 

우리 직접 그려 봐요!

하나
친절하다, 손이 빠르다 등
내가 자주 듣는 말을 쓰고 그림으로 그려 봐요.

둘
바쁘다, 귀찮다 등 내가 자주 하는 말을 쓰고
그림으로 그려 봐요.

셋.
나의 직업 및 업무와 관련된 용어를 쓰고 그림으로 그려 봐요.

넷.
회의록에 필요한 회의 내용을 글과 그림으로 요약해 봐요.

08 그리면서 공부하면 쉽게 이해된다

열혈 독자님이 씽킹 톡에 입장하셨습니다.

은주쌤! 요즘 저는 건강이 안 좋아 건강 관련 공부를 시작했어요.
근데 공부할 내용을 글로 쭉~ 쓰면서 공부하니
눈에 잘 안 들어오고 이해가 안 되더라고요. ㅠㅠ
좋은 공부 방법이 어디 없을까요?

그럼 이번에는 효과적인 공부 방법에 대해 알려 드리도록 할게요. ^^
먼저 공부 방법을 가르쳐 드리기 전에!
공부를 할 때 사용하고 싶었던 학습법이 있나요?

배울 내용을 그림으로 요약해 보고 싶어요.
그림이 있으면 이해도 잘 되고 오래 기억할 수 있을 것 같거든요.

그렇다면 공부할 내용을 핵심 문장으로
정리하는 것부터 시작하도록 해요.

바로 그림으로 그리는 게 아니고요?

네, 핵심 문장을 정리한 후 그림으로 바꿀 거예요!

아! 바로 그림을 그리면
뭘 그려야 할 지 고민될 수도 있겠군요!

그렇죠. 핵심 문장으로 정리하는 과정에서도
공부가 되고 그림으로 그리면서
한 번 더 공부할 수 있으니 일석이조랍니다!

역시 쌤이 최고예요!!!
그럼 먼저 핵심 문장을 정리해 보도록 할게요!

(…… 잠시 후 ……)

쌤! 핵심 문장을 다 뽑았어요!
이제 어떻게 하면 될까요?

핵심 문장을 다 뽑았으면
이제 스틱맨과 말풍선을 사용해
그림으로 '스토리텔링' 해 볼 거예요!
자 그럼 본격적으로 시작해 볼까요?

네! 빨리 알려 주세요. +_+

어른이 되어도 멈출 수 없는 공부!

취직을 준비하고 있는 사람들은 취직 공부, 직장에서 진급을 하려는 사람들은 진급 시험 공부, 자격증을 따려는 사람들은 자격증 공부, 우리의 평생 숙제인 외국어 공부까지, 우리는 살면서 끊임없이 공부해야 해요. 세상은 순식간에 변하고 배워야 할 지식들은 쏟아지며, 앞으로 살아갈 날이 길어진 100세 시대가 도래하면서 '배움'은 선택이 아닌 필수로 자리매김하게 되었어요. 하지만 공부할 시간은 부족하고 공부를 시작하려고 하면 집중도 잘 안 될 뿐더러, 예전처럼 머리가 쌩쌩 잘 돌아가는 느낌이 들지 않아요. 외웠던 것도 금세 잊어버리고 말죠. 밑줄을 치면서 외우는 방법도 시간 대비 효과가 별로 없어요. 공부한 시간만큼 능률이 오르지 않으니, 당연히 흥미가 떨어지고 공부하고 싶은 마음이 사라져요. 이럴 때 우리는 어떻게 해야 할까요?

이쯤 되니, 해결책이 짐작이 가시죠? 네! 바로 비주얼 씽킹을 사용해서 공부를 하는 겁니다. 비주얼 씽킹으로 그림을 그리면서 공부하면 효과적으로 이해하고 금방 외울 수 있으며, 시간이 지나도 잘 잊어버리지 않아요. 또한 비주얼 씽킹으로 정리한 내용을 친구들에게 공유하여 함께 공부할 수도 있답니다. 말로만 주절주절 설명하니 이해가 잘 안 되시죠? 다음 장부터 비주얼 씽킹을 어떻게 공부에 활용하는지 차근차근 설명해 드리도록 할게요!

그림으로 공부하는 법

앞서 소개한 씽킹 톡은 건강 공부를 그림으로 하고 싶어 하는 수강생 한 분의 실제 이야기예요. 그분은 막상 공부를 시작하려고 하니 집중도 잘 되지 않고 어려운 내용이 많아 이해하기도, 외우기도 힘들었다고 합니다. 필자는 그림으로 공부하는 방법을 알려 드리기 전에, 우선 어떤 공부를 하고 있는지 내용을 보내 달라고 했고 아래와 같은 자료가 도착했어요.

3)디톡스
음식독소, 공해독소, 경피독, 감정독소(스트레스) 가장 치명적인 독소는 스트레스
옛날에 뭘 먹을까 고민이었지만 지금은 어떻게 빼낼것인가가 고민이다
장누수증후군
음식독소가 들어오면 젤 망가지는게 간과 장이다
공해독소는 폐이다
피부독소는 간이다
간독소 때문에 스트레스조절 콩팥(신장)이 망가진다.
독소는 장, 간, 폐, 신장 해독을 해야한다. 동양에서 나무 병원의 근원은 뿌리다. 인체의 뿌리는 장이다. 장부논라학을 보면 장이 망가지면 어떻게 망가지는가 풀어놓은 책.
장이 나빠진다 - 장내독소 많아진다 - 간에서 해독한다.(간이 하는일은 500가지가 넘는다. 해독, 피를 맑게한다. 조혈역할) - 탁혈이 된다 - 모세혈관이 망가진다 - 눈이 망가진다(안구건조, 백내장, 녹내장 등) - 폐가 망가진다(코, 피부호흡 비염,축농증,천식, 알레르기, 아토피, 건성, 백반증 등등) - 신장(콩팥에서 독소처리 못하니 재역류 되어 요산독, 통풍, 부신을 갖고 있는데 여기에 호르몬 기능이 망가진다) - 일정하게 유지하는거에 문제가 온다(혈압조절 안된다, 혈당유지 못한다, 감정조절 못한다-치매.우울) - 오만가지 병이 장이 나빠져서 왔다
병명에 집중하지말고 그 뿌리를 해독하라. 뿌리가 건강해지면 간이 건강해진다 - 피가 맑아진다 - 튼튼한 혈관에 맑은 피가 흐르면 오만가지 병이 걸리지 않는다
1)소극적 디톡스 - 데일리케어, 매일청소
식이섬유(나쁜걸 끌고 내려간다) - 화이버비츠 2스푼씩 + 더블엑스
비타민C(해독영양소), 미네랄 중 칼슘(중금속 제거) 중금속은 흘러다니다 신장에 쌓인다. 그걸 해결하게 미네랄이다(셀레늄이 중금속을 녹여 수용성으로 바꿔 소변으로 배출시키는 유일)
폐(앨로케어) 간(실리마린성분) => 더블엑스
2)적극적 디톡스 - 대청소, 1년에 2번 프로그램(3일단식)
해결보다 예방이 중요한데 최고의 제품이 식이섬유

글을 읽어 보니 어떤 생각이 드나요? 이해하기 어렵지 않나요? 스토리가 있는 문장이 아닌, 단편적으로 정보를 전달하는 내용이기 때문에 무슨 내용인지 이해하기가 쉽지 않아요. 위 내용을 간략하게, 쉽게 정리하기 위해서는 먼저 내용의 중심 요소(문장)가 무엇인지 골라내는 작업을 해야 해요. 중심 요소(문장)는 번호를 붙이며 최대 10개로 정리하되, 한 문장이 한 줄을 넘지 않도록 해요.

아래는 수강생이 보내 준 자료를 8개의 문장으로 정리한 내용이에요. 어때요? 아래와 같이 정리하니 잘 읽히고, 잘 읽히니 이해하기 쉽죠?

☆ 디톡스
① 독소는 음식, 공해, 피부, 감정(스트레스)들이다.
② 독소는 장, 간, 폐, 신장을 망가뜨린다.
③ 인체의 뿌리는 장이다. 장부터 치료한다.
④ 뿌리가 건강해지면 간이 건강해진다
⑤ 뿌리 Good 간기능↑ → 맑은피 → 튼튼한 혈관 → 건강↑
　 뿌리 bad 장↓(장내독소↑) → 간↓(탁혈) → 모세혈관↓
　　　　　　 → 눈 → 폐 → 신장 → 호르몬
⑥ 디톡스는 뿌리를 해독하는 것이다.
⑦ 매일 장청소는 더블X와 식이섬유로 중금속 제거하고
　　　　　　　　해독하는 영양소 먹는 것이고
⑧ 대청소는 1년에 2번 프로그램이 있다
　 건강은 해결보다 예방이 중요하다

정리가 완료되면 각 문장을 그림으로 바꾸는 작업을 해요. 예를 들어 "독소는 음식, 공해, 피부, 감정(스트레스)들이다"라는 문장을 그림으로 바꾼다면 독소, 음식, 공해, 피부, 감정을 나타내는 그림을 간단하게 그려서 배치하면 돼요.

청자와 화자를 그림에 배치하고 말풍선을 삽입해 재미있는 이야기를 만들 수도 있어요. 청자와 화자가 대화를 나누고 있는 것처럼 핵심 문장을 대화체로 바꿔 말풍선 안에 삽입하면 됩니다. 공부하는 내용을 글로만 썼을 때는 화자와 청자가 없어요. 단순히 내가 읽고 이해하는 형식이죠. 그러나 그림으로 정리하면 말하는 화자와 듣는 청자가 생겨 서로 대화하는 형태의 구성이 만들어져요. 이러한 대화체의 구성은 하나의 '스토리'를 만들어 흥미를 유발하고 쉽게 이해할 수 있도록 도와준답니다.

아래는 앞서 정리한 8개의 중심 문장을 대화체로 바꾸고 화자 캐릭터를 삽입해 만화처럼 만든 이미지예요. 어때요? 내용이 잘 두드러져서 이해하기 쉽고, 이해하기 쉬우니 재미있어졌죠?

만약 말풍선 안에 문장이 길면 복잡한 문장은 나누고, 이해하기 어려운 내용은 듣는 사람 입장에서 이해하기 쉽도록 쉬운 설명으로 바꾸는 작업을 해요. 긴 문장을 두세 개의 말풍선으로 나누면 내용이 한눈에 들어와 훨씬 이해하기 쉽고 읽었을 때 지루함을 줄일 수 있답니다.

우리 직접 그려 봐요!

하나
공부하는 내용을 A4 1장 정도의 분량으로 준비해요.

둘
핵심 내용을 찾아 10개 미만의 문장으로 정리해요.

셋.
말하는 사람, 듣는 사람을 그리고 각 문장을 대화체로 바꾼 다음 말풍선에 넣어요.

넷.
전체적으로 보면서 부족한 내용을 정리한 후 완성해요.

: 에필로그 :

'생각이 행동으로 바뀌는' 선을 넘어서

생각을 그림으로 그리고 싶지만,
그 시작은 참 어려워요.
'그림을 그리면 안 돼'라는 금지선이 있는 것도 아닌데
늘 '시작'이라는 선 앞에서 망설이게 돼요.

'생각 그리기'를 연습하는 특별한 방법은 없어요.
간단한 그림부터 그려 보는 것이 가장 현실적인 방법이에요.

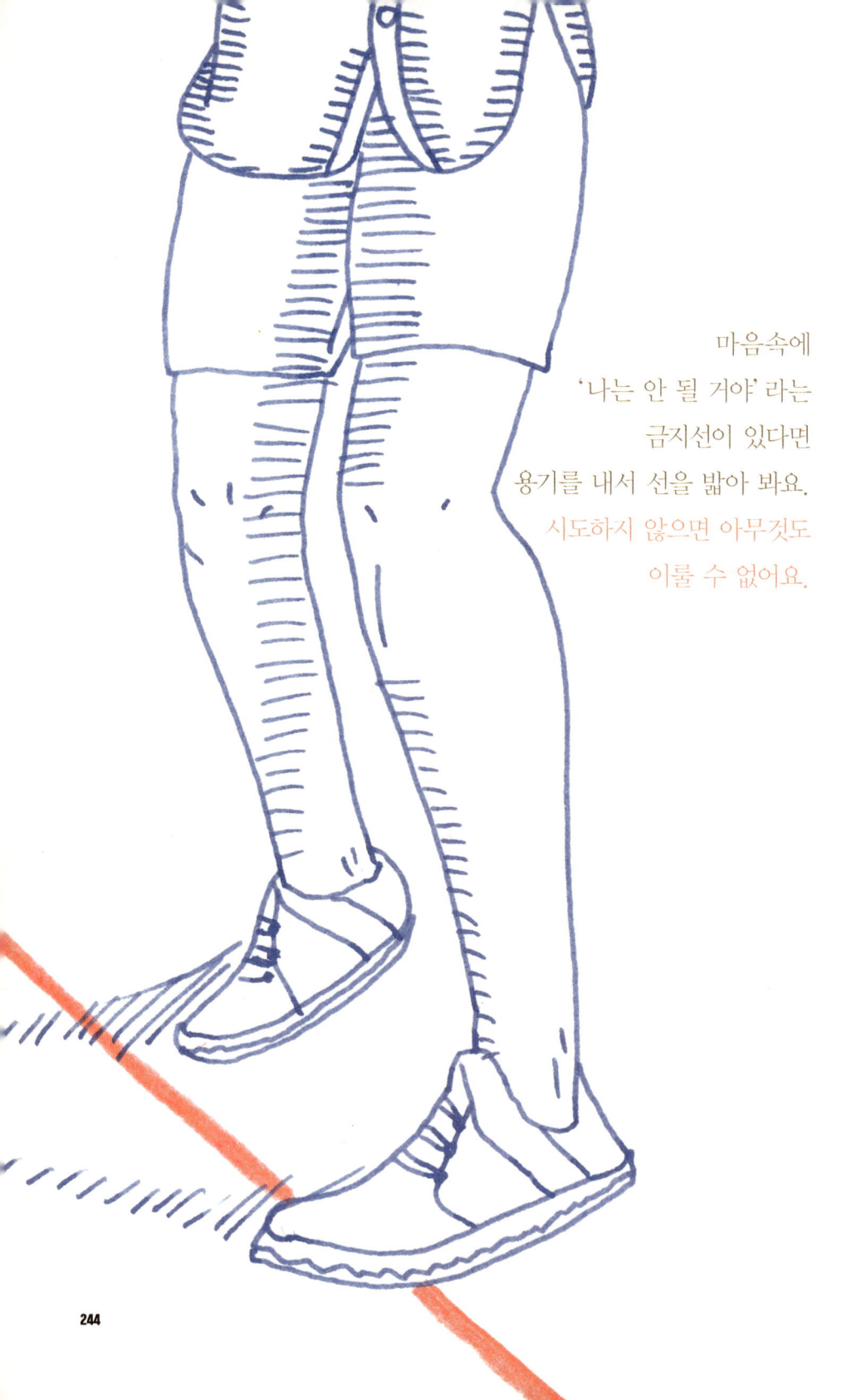

마음속에
'나는 안 될 거야'라는
금지선이 있다면
용기를 내서 선을 밟아 봐요.
시도하지 않으면 아무것도
이룰 수 없어요.

생각을 그리는 베테랑이 되기 위해 필요한 것은 단 한 걸음.
오늘부터 생각이 많을 땐 동그라미부터 그려 봐요.
그 한 걸음이 당신을 비주얼 씽킹의 세계로 이끌어 줄 거예요.

우리 직접 그려 봐요!

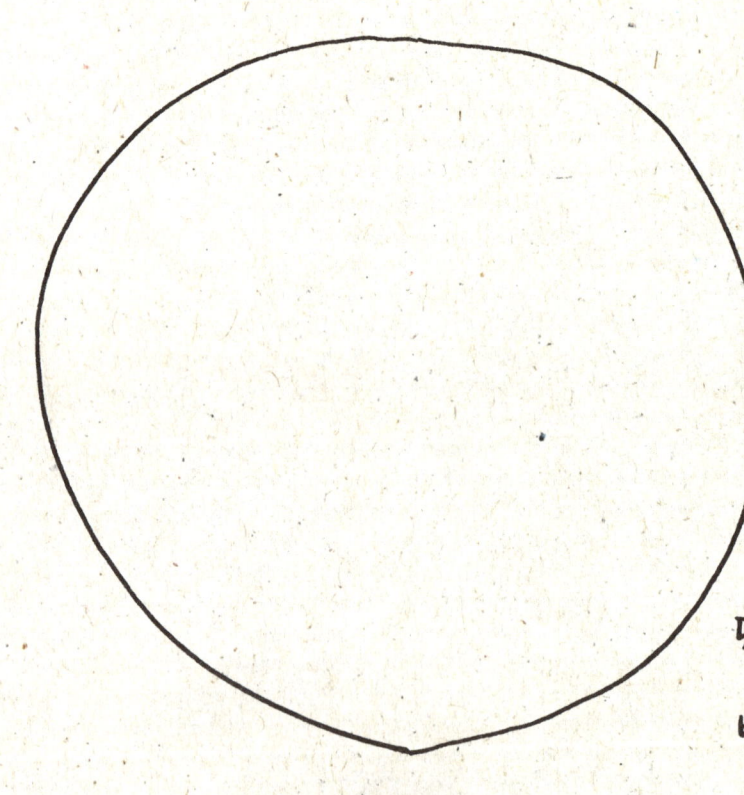

동그라미로
시작하는
비주얼 씽킹

온은주의 비주얼 씽킹 | 입문편 |

생각이 행동으로 변하는 8가지 방법

1판 1쇄 발행 2017년 1월 12일
1판 2쇄 발행 2017년 2월 5일

저 자 | 온은주(본명: 김은주)
발행인 | 김길수
발행처 | 영진닷컴
주 소 | (우)08505 서울시 금천구 가산디지털2로 123
         월드메르디앙 벤처센터 2차 10층 1016호
등 록 | 2007. 4. 27. 제16-4189

가격 13,000원

ⓒ2017. (주)영진닷컴

ISBN | 978-89-314-5524-3

이 책에 실린 내용의 무단 전재 및 무단 복제를 금합니다.

http://www.youngjin.com

온은주의 비주얼 씽킹
- 교육안내 -

기업 출강 문의(저자 강연)
070-8227-6940

school@socialfrog.co.kr
www.visual-thinking.co.kr

비주얼 씽킹 워크샵

국내 1호 비주얼 씽킹 강연자인 온은주 대표가 직접 출강하는 비주얼 씽킹 워크샵 과정으로, 사고의 확장과 시각화의 기초를 다질 수 있습니다. 그림에 자신 없는 사람들도 비주얼 씽킹 능력을 키울 수 있으며, 아이디어 발상, 창의력 등 업무에 활용할 수 있습니다.

주요내용: 비주얼 씽킹이란 무엇이고 어떻게 활용할 것인가?
교육목적: 비주얼 창의력 향상, 비주얼 사고력 확장
강의시간: 3~4시간

레고 시리어스 플레이 워크샵

장난감 레고를 활용하여 생각하고 소통하는 레고 시리어스 플레이 워크샵을 통해 직원들 간의 팀빌딩과 의사소통을 강화할 수 있으며 리더십, 비전 공유 등 업무 향상에 활용할 수 있습니다.

주요내용: 레고 시리어스 플레이 방법론을 통한 팀빌딩, 리더십, 비전 공유 수업
교육목적: 팀빌딩 향상, 소통력 강화, 리더십 및 비전 공유
강의시간: 3~4시간